PHILOSOPHIE RELIGIEUSE

DIALOGUES ET RÉCITS

PAR

Claude-Charles CHARAUX

PROFESSEUR DE PHILOSOPHIE A LA FACULTÉ DE GRENOBLE.

GRENOBLE

—

1884

Tous droits réservés.

PHILOSOPHIE
RELIGIEUSE

DIALOGUES ET RÉCITS

Ce livre n'est point dans le commerce.
L'auteur réserve tous ses droits.

N°

PHILOSOPHIE RELIGIEUSE

DIALOGUES ET RÉCITS

PAR

Claude-Charles CHARAUX

PROFESSEUR DE PHILOSOPHIE A LA FACULTÉ DE GRENOBLE.

GRENOBLE

1884

Tous droits réservés.

Il nous a semblé que l'heure était venue de réunir en un volume des Récits et des Dialogues, dont les uns ont été publiés par différentes Revues, dont les autres voient le jour pour la première fois. Nous les offrons à nos amis comme un souvenir plus intime qu'il nous est doux de leur laisser. Ils y retrouveront nos pensées habituelles, et il leur sera facile de faire la part de la réalité et celle de la fiction : leur arrivât-il de se tromper que le mal ne serait pas bien grand. Dans le cas où plus tard un public plus nombreux serait appelé à parcourir ces pages, des notes détaillées deviendraient nécessaires. Chaque année, en effet, emporte avec elle un souvenir : ce que la plupart des lecteurs connaissent et comprennent aujourd'hui, il faudra l'expliquer demain à ceux qui nous suivront.

Grenoble, 21 avril 1884.

1.

La Naissance d'une Philosophie.

Les trois Visions de saint Bruno

La Tentation, la Chute

Le véritable auteur de l'Imitation de J.-C.

LA NAISSANCE D'UNE PHILOSOPHIE.

La génération présente jouit sans arrière-pensée de la voie large et commode qui borne à l'ouest, à partir de la rue de Vaugirard, le jardin du Luxembourg. Qu'il soit permis à une génération plus avancée dans la vie de regretter l'allée solitaire qui tenait sa place il y a trente ans, et que limitaient, du côté de la ville, les murs peu élevés de quelques jardins particuliers. Rien de plus agréable que cette retraite fréquentée de préférence par un petit nombre de jeunes gens studieux. C'est là qu'on les voyait, à l'ombre des hauts platanes, apprendre par cœur, pour la classe du lendemain, un livre de Virgile, une tragédie de Racine, et plus tard préparer des examens où la muse tient moins de place que la chicane. C'est là qu'en l'an de grâce 1847, par une paisible matinée de septembre, un jeune homme de vingt-deux ans à peine, se promenait loin du bruit, revenant sans cesse sur ses pas et ne pouvant, semblait-il, se résoudre à quitter, pour une autre partie du jardin, l'allée qui lui rappelait de chers souvenirs. Enfant de Paris, il était venu bien des fois, sous ces beaux arbres, jouer, étudier, rêver. Témoins de ses joies ils l'étaient aujourd'hui de sa langueur. Tout à coup son visage s'anima ; son œil avait reconnu de loin un ami, un ancien maître. Ce fut l'affaire d'un instant de se porter à sa rencontre.

— Vous ici, monsieur le Directeur ! Quelle bonne fortune pour moi ! On n'est pas habitué à vous voir sur les promenades et dans les jardins publics.

— J'en suis moi-même tout étonné. Mais d'abord cessez de m'appeler monsieur le Directeur : je ne le suis plus depuis deux jours.

— Quoi ! vous auriez abandonné le collège Stanislas !

— Mais non pas les jeunes gens, je les aime toujours.

— Et quels sont, je vous prie, ceux que vous préférez à mes jeunes condisciples ?

— Des élèves d'un âge plus mûr, mais toujours des élèves. J'étais hier aux avant-postes, on m'envoie aujourd'hui dans la citadelle.

— Dans quelle citadelle, je vous prie ?

— L'École normale a pris tout récemment possession de sa nouvelle et splendide demeure : je suis son premier aumônier (1).

— Monsieur l'Aumônier, je vous félicite de tout mon cœur, mais non moins que vous l'École à laquelle vous allez donner votre science avec votre âme, car vous ne faites pas les choses à demi.

— Quelle plus belle occasion, mon cher enfant, de se dépenser tout entier. Songez-y... des jeunes gens, l'élite de nos lycées ; des esprits cultivés dans tous les sens, largement ouverts, admirablement préparés.....

— Et sans doute aussi quelque peu chrétiens.

— Plusieurs le sont déjà, la plupart le deviendront.

— Avec l'aide de Dieu, rien n'est plus facile.

— C'est en lui seul que je me confie. Mais aussi quel résultat pour notre chère patrie, pour la France entière. Volontiers je sacrifierais tout ce que j'ai, tout ce que je suis, ma santé, ma vie, pour aider à former des maîtres comme je les rêve. C'est à eux, c'est à vous, jeunes gens, qu'appartient l'avenir. C'est vous qui le ferez.

---

(1) L'abbé Gratry (1805-1871) fut aumônier de l'École normale supérieure de 1847 à 1851.

— Parlez d'avenir, Monsieur l'Aumônier, à ceux que Dieu favorise de la santé. Pour moi qui l'ai perdue.....

— Vous la retrouverez.

— Elle ne se presse pas de revenir. J'y crois si peu que, tout à l'heure, je ne sais quelle liaison d'idées m'avait remis en mémoire des vers qui sentent bien pourtant leur déclin d'Empire, leur Delille doublé de Fontanes, et que je me récitais à moi-même, tant ils me semblaient de circonstance :

> Un jeune poitrinaire, à pas lents,
> Parcourait une fois encore
> Le bois cher à ses premiers ans.....

— Vous, poitrinaire ! vous ne l'êtes point, je n'en veux pour preuve que votre découragement. L'espérance des poitrinaires va croissant jusqu'au dernier jour, et la vôtre.....

— Est nulle, Monsieur l'Aumônier, usée, confondue, réduite à rien. Et je n'ai pas même la ressource de dire avec notre poète (1) dans une autre pièce :

> Compagnons dispersés de mon triste voyage,
> O mes amis, ô vous qui me fûtes si chers !
> De mes chants imparfaits recueillez l'héritage,
> Et sauvez de l'oubli quelques-uns de mes vers.

---

(1) Millevoye.

Je ne laisse après moi aucun chant d'aucune sorte, je n'ai composé ni vers parfaits, ni vers médiocres. Toute mon ambition eût été d'écrire, en vile prose, quelques-unes des pensées dont vous avez déposé le germe dans mon âme, mais je vois qu'il y faut renoncer.

— Pour un temps peut-être, mais non pour toujours. Courte ou longue l'épreuve, si vous le voulez, mon cher ami, sera féconde.

— Aujourd'hui elle n'est que pénible. Savez-vous qu'on m'a défendu toute application, que je n'ai pas le droit de lire, encore moins celui d'écrire, qu'on m'interdit même de penser. Je suis condamné à la promenade sans trêve, ni merci.

— Que je vous plains !

— Le pire de tout, c'est que cette promenade, au lieu de les éteindre, éveille idées et souvenirs; et me voilà contraint d'être là, immobile en face de la nature, cherchant à endormir ma pensée dans son sein, à noyer ma vie dans l'immensité de la sienne. Je fais ni plus ni moins, moi chrétien, moi catholique et ancien élève du collège Stanislas, œuvre de panthéiste, de spinoziste, de boudhiste, je m'exerce à n'être plus rien, à m'éteindre dans l'Absolu. Heureusement j'aime la nature, je suis touché de ses moindres beautés, sensible à ses harmonies.....

— C'est une grâce dont il faut remercier Dieu,

mon cher enfant. Je suis, sous ce rapport, moins favorisé que vous. Si belle que soit la nature elle parle moins à mon âme que mon âme elle-même. Devant les merveilles que j'y découvre, toutes celles du dehors, je dis les plus vantées, me semblent des beautés bien pâles. Savez-vous un monde plus grand, plus riche que le monde intérieur, un monde où l'on voit Dieu plus à découvert? Qu'est-ce que la nature me dit de moi-même? Qu'est-ce qu'elle m'apprend sur l'homme, sur mes semblables, mes devoirs, ma fin et les moyens de l'atteindre? Qu'est-ce que ses harmonies auprès de celles que la réflexion découvre entre les pouvoirs de mon âme, entre ma pensée et mon amour, entre ma raison et la sagesse de Dieu, entre ma liberté et sa Providence? Puis-je converser avec la nature comme je m'entretiens avec le maître intérieur? Elle est le reflet de Dieu dont mon âme est le rayon : je vais où je vois plus de lumière.....

— Et moi, mon cher maître, où je l'espère plus douce, plus tempérée, mieux accommodée à la faiblesse de ma vue. Le reflet me suffit, et pourtant le rayon ne cesse de me tenter. Savez-vous ce que j'ai imaginé pour penser sans désobéir à la médecine, sans parjurer la promesse que j'ai faite de ne plus penser?

— Je vous sais très ingénieux, et d'esprit très

inventif. Toutefois je ne devine pas tout d'abord..

— J'ai songé que si je réunissais toutes mes pensées en une seule....

— Ce travail de concentration n'aidera pas à vous guérir.

— Que si je parvenais, par un effort une fois accompli et qui me dispensât pour l'avenir de tout autre effort, à les rattacher à une pensée principale, je n'aurais plus qu'à déduire du principe ainsi posé, doucement, peu à peu, par le menu, sans me donner la moindre peine et suivant les besoins de chaque jour, les conséquences renfermées dans ce principe, point de départ vraiment unique et universel.

— Et vous l'avez découvert ?

— Ou je me trompe fort ou c'est chose faite.

— C'est-à-dire, si j'ai bien compris, que pour n'avoir plus à penser vous voulez penser tout en une fois, et que, pour philosopher sans fatigue, vous créez, tout d'une pièce, une philosophie.

— Je n'osais dire le mot et pourtant c'est bien celui-là. Heureusement le principe qui la résume me garantit contre tout orgueil, vous l'allez voir dans un moment. Et d'ailleurs qui n'a pas, de nos jours, sa philosophie?

— Ajoutez, qui ne l'a pas eue dans les siècles passés.

— Nouvel argument tout en ma faveur.

— Je l'accorde.

— En faudrait-il beaucoup d'autres pour établir solidement que si la vérité est une en soi les intelligences qui la conçoivent diffèrent à l'infini les unes des autres par leurs aptitudes et leurs qualités. Il n'est pas d'esprit qui puisse s'égaler à elle, pas de langue qui puisse la traduire tout entière, pas de mémoire en état de la garder comme l'esprit l'a conçue. N'êtes-vous point de mon avis ?

— En pouvez-vous douter, mon cher enfant !

— A ces diversités joignez celles qui naissent du milieu, des caractères, de l'éducation, de la culture, et dites-moi si chacun ne met pas du sien dans la philosophie qui pourtant n'appartient à personne. Celle qui a régné le plus longtemps dans les écoles, la plus impersonnelle de toutes, porte encore un nom, que dis-je? elle en porte deux : c'est la philosophie de saint Thomas complétant et corrigeant celle d'Aristote. Ces deux grands hommes s'y font voir tour à tour, chacun avec sa nature et son caractère. N'est-ce pas à croire que la vérité, une dans son essence, s'est voulu donner ici-bas autant de témoins différents qu'elle a créé d'esprits capables de l'entendre ? Ils s'accordent sur les vérités capitales, voilà pour l'unité. Quant à la richesse, elle n'est pas moins visible dans la variété des points de vue, préférés, dans d'innombrables nuances de disposition, d'accent et de langage. La dernière philosophie sera l'œuvre de la dernière intelligence que Dieu voudra créer avec le signe commun de la raison et le signe particulier d'une âme d'élite, capable d'une pensée qui lui appartienne. Croyez-vous que son pouvoir créateur soit près d'être épuisé ?

— Je crois, mon cher ami, tout ce que vous me dites, et rien ne sert de vous animer à ce point. Votre santé en pourrait souffrir, et ma conviction n'en deviendrait pas plus forte. Je suis avec vous, je suis pour vous dans la cause que vous défendez avec tant d'ardeur. J'ai même des raisons particulières de souhaiter qu'elle soit indiscutable. Et maintenant que nous sommes si parfaitement d'accord, vous me direz bien votre secret.

— Mon secret est des plus simples.

— Faites-moi part, au nom de l'amitié, de cette pensée qui va désormais résumer toutes vos pensées, de ce principe assez fort pour porter seul une philosophie.

— Pensée ou principe, il n'en est pas moins vrai que tout tient en un mot; mais ce mot, je n'ose le dire; je prévois vos objections, je devine votre étonnement. Vous allez m'accuser de mêler le naturel au surnaturel, la religion à la philosophie, d'entrer dans une voie dangereuse, de confondre ce qu'il convient de distinguer avec le plus grand soin.

— Je vous dirai tout à l'heure si ces reproches sont fondés.

— Vous ajouterez qu'une telle fantaisie est bien celle d'un malade dégoûté de tout et de lui-même, se réfugiant dans les excès parce qu'il a perdu le sens du réel et du vrai. Non jamais, au grand jamais, homme bien portant, sain de corps et d'esprit (1), ne rêva que le dernier mot d'une philosophie, le résumé d'une méthode, d'une morale, d'une logique, d'une théodicée, d'une doctrine entière....

— C'est?

— *L'humilité* : le mot est prononcé, *volat irrevocabile verbum.*

— C'est bien le dernier auquel je m'attendais.

— C'est pourtant celui que j'ai choisi : vous me permettrez de le défendre.

— Sans aucun doute.

— Nierez-vous qu'il y ait là un point de départ?

— Et de tous le plus modeste.

— Peut-on descendre plus bas?

— En aucune façon.

---

(1) *Mens sana in corpore sano.*

— C'est tout ce que je désirais. Nous voilà aux dernières limites du fini capable de pensée, d'amour et de libre action. Et dans ce point de départ ne voyez-vous pas plus qu'une pensée, une vertu?

— Je la découvre.

— Plus qu'une pensée et qu'une vertu, une méthode?

— Je la devine.

— Que reste-t-il, en effet, à l'âme parvenue à ce point extrême sinon de remonter un à un, en vertu de son activité naturelle, de son énergie indestructible, tous les degrés....

— J'entends et n'ai garde de vous contredire.

— Est-il rien qui soit mieux dans la nature de l'homme que cette marche ascendante et mesurée vers l'infini?

— Absolument rien.

— Marche de la pensée d'abord, — puis de l'amour inséparable de la pensée.

— Je ne m'y oppose point.

— De la liberté enfin éclairée par l'une, animée par l'autre.

— C'est encore mon sentiment.

— Mais si la Logique est satisfaite, la Morale ne l'est pas moins. A quelle vertu l'humilité ne sert-elle pas de fondement? Quelle vertu sans elle possible ou durable? Qui sera juste, sage, tempérant, courageux, non pas seulement en apparence, mais en réalité, non pas à la surface, mais jusqu'au fond, s'il n'est humble et détaché de lui-même? L'humilité est la source de toute vertu comme elle est le foyer de toute lumière.

— Nous voici en règle avec la Morale : reste la Théodicée.

— C'est justement ici que l'humilité montre toute sa force. Elle ne nous diminue que pour nous grandir ; elle ne comprime à ce point toutes les puissances de notre âme que pour leur donner plus de ressort. Elle ne serait pas possible, si Dieu n'existait pas : son infinie majesté explique seule ce libre abaissement de nos âmes. On peut être modeste à l'égard de ses semblables, on n'est humble qu'à l'égard de Dieu, ou par rapport à lui. L'humilité perdrait son nom, sa réalité, sa raison d'être, si Dieu n'était la perfection de l'être, de la vérité, de la bonté, de la beauté. Rien de fini ne mérite l'effort d'une telle vertu, et la puissance d'ici-bas qui la réclame de moi, si elle ne vient pas de Dieu, m'en imposera tout au plus les signes extérieurs : mon âme résistera fière et libre.

Mais l'humilité ne fonde pas seulement la science de l'âme par l'aveu sincère de notre ignorance, la science de Dieu puisque sans lui elle ne serait point, elle est encore, par excellence, l'aiguillon du progrès, oui, de ce progrès dont on commence à parler beaucoup....

— Et que ses admirateurs, ses apôtres les plus ardents entendent si mal quand ils ne le prennent pas à contre-sens.

— Parce qu'ils croient tout savoir, tout pouvoir, et qu'au lieu de se retremper dans l'humilité, ils connaissent à peine la modestie. Ils entendraient mieux ce progrès dont ils annoncent le règne, ils le réaliseraient plus sûrement si, convaincus de leur ignorance, ils consentaient à interroger la sagesse des siècles passés, celle des nations voisines, leurs lois, leurs institutions, leurs livres; si, au lieu de vanter à tout propos leur profond savoir, ils pensaient n'avoir rien conquis auprès de ce qui reste à conquérir (1).

— Voilà des raisons fort solides à l'appui de votre thèse; croyez-vous qu'elles persuadent les philosophes contemporains? Et d'abord ils vous

---

(1) « Il est advenu aux gens véritablement savants ce qui advient aux espies de bled, ils vont s'eslevant et se haulsant, la tête droite et fière, tant qu'ils sont vuides, mais quand ils sont pleins et grossis de grain en leur maturité, ils commencent à s'humilier et baisser leurs cornes. » (MONTAIGNE, *Essais*, II, 12.)

demanderont si vous avez des ancêtres, si l'histoire vous est favorable. Elle est devenue pour eux, vous le savez, l'autorité suprême, l'oracle infaillible. Malheur à vous si elle ne dit rien de l'humilité !

— Elle ne parle d'autre chose, elle n'est pleine que de ses victoires et de ses conquêtes. Le christianisme tout entier repose-t-il sur une autre base, et peut-on séparer du christianisme la civilisation dont il est la source, la théologie, la philosophie, la science et la grandeur des siècles chrétiens? Les plus illustres de ses docteurs n'ont-ils pas été les plus humbles, et celui d'entre eux qui nous a caché son nom, celui qu'on pourrait appeler le Docteur de l'humilité, n'a-t-il pas écrit, dans l'*Imitation*, le livre le plus beau après l'Évangile, le plus solide et le plus simple, le plus riche de pensées et de consolations?

Mais laissons les philosophes chrétiens, laissons l'antiquité où nous apprendrions pourtant que la vraie sagesse c'est d'abord l'intime conviction de notre ignorance, que l'âme du sage s'élève lentement, par les degrés de la dialectique, depuis les réalités inférieures jusqu'à l'essence du Bien. Venons à Descartes. Croyez-vous que l'anéantissement de l'humilité n'égale pas, ne surpasse pas celui qu'il nous propose? Le sien descend, au risque de s'y engloutir, jusqu'au doute absolu, l'humilité s'affirme et ne cesse d'affirmer son néant. Le doute est tout juste une pensée, l'humilité est à la fois une pensée et une vertu. L'humilité constate que nous ne sommes rien comparés à Dieu : c'est là une simple vue de l'esprit, ce n'est pas un raisonnement. Pour parvenir au doute universel Descartes est contraint de s'appuyer sur des raisonnements qui le démentent. Pas de contradiction dans le point de départ de l'humilité ; le sien en est rempli, car qui peut savoir pourquoi il doute sait quelque chose, et ne doute pas de tout Il n'en reste pas moins que Descartes a voulu, par une inspiration de génie, faire reposer la science la plus solide sur l'anéantissement le plus complet. De cet abime, en effet, où sa pensée semblait perdue avec son être, elle est sortie tout à coup plus que jamais maîtresse d'elle-même et sûre de Dieu. Elle aurait jailli moins haut s'il avait creusé moins avant ; elle aurait eu moins de ressort s'il l'avait comprimée avec moins d'energie.

Ne valait-il pas mieux, après tout, et quoi qu'on puisse penser de Descartes et de son œuvre, descendre ainsi au plus bas de notre âme pour y découvrir la vérité, qu'opposer en des pages brillantes mais parfois bien vides, le fini à l'infini, le moi au non-moi, des mots à des mots, des abstractions à des abstractions, sans qu'il sorte rien autre chose de ce choc étourdissant d'antithèses que des vérités banales ou de vieilles erreurs! L'auteur de ce jeu téméraire croit-il aux unes plutôt qu'aux autres : on serait fort en peine de le dire, car ce qui manque surtout à ces compositions élégantes, c'est l'accent de l'âme, c'est celui d'une conviction profonde. Il traverse les systèmes comme un curieux sans cesse en quête de nouveaux spectacles, il les raconte comme un lettré soucieux de bien dire, désireux de plaire, et qui n'est pas insensible au charme de sa propre parole (1). Assurément c'est un merveilleux artiste : est-ce un grand philosophe ?

— Parlez moins haut, mon enfant. Peut-être est-il là près de nous, goûtant les douceurs d'une promenade solitaire....

— Ce n'est guère son habitude.

— Discourant avec quelques amis....

— Nous l'aurions entendu.

— Méditant....

— C'est beaucoup s'avancer, monsieur l'Aumônier.

---

(1) Victor Cousin : Cours de 1828-1829. Voir surtout l'édition assez rare aujourd'hui des leçons publiées à mesure qu'elles étaient prononcées, et parmi ces leçons, les 6e, 7e, 8e et 9e.

— Soyez moins sévère à son égard, mon cher ami, rendez justice à ses belles qualités....

— D'écrivain, j'y consens.

— D'adversaire décidé de tout sensualisme raffiné ou grossier....

— J'y souscris encore.

— De philosophe spiritualiste.....

— Quand il oublie ses amis d'Allemagne et leurs sottes inventions.

— Se rapprochant de plus en plus de nous et de la philosophie chrétienne.

— Où il n'atteindra jamais, je le crains.

— Vous êtes bien peu charitable, mon enfant.

— Je suis trop clairvoyant. Il est trop peu libre, trop flatté, trop soucieux de l'opinion régnante.

— J'en augure mieux, pour ma part, mais surtout j'ai confiance dans la bonté infinie du Dieu qui n'attend, pour se donner et nous donner sa vérité, qu'un soupir de notre cœur.

— Je désire qu'il le pousse vers le ciel avant que la leçon des événements lui ait démontré l'impuissance d'une philosophie spiritualiste réduite à ses seules forces, indifférente ou hostile à la philosophie chrétienne.

— Il est vrai, mon ami, depuis quelques mois les sombres présages se réunissent pour nous effrayer. Les passions sont plus excitées, les esprits plus émus, les journaux plus violents. On écrit de nouveau, et parfois avec un fanatisme étrange, l'histoire des plus mauvais jours, on réhabilite d'odieuses mémoires. On dirait que nos historiens les plus goûtés, les plus populaires, se sont entendus pour ranimer, dans leurs publications récentes, des luttes assoupies, pour troubler la paix des âmes et celle de l'État.

— Et c'est l'heure où tout est remis en question, où le sol recommence à trembler, pour employer le langage de nos journaux conservateurs, c'est cette heure-là même que choisissent les philosophes spiritualistes, non pour discourir, dans de paisibles promenades, sur le mal et ses remèdes, mais pour s'enfermer dans les bibliothèques publiques, afin d'y réunir les matériaux d'une histoire....

— Qui réfutera sans doute avec autorité les erreurs et les sophismes de nos adversaires.

— D'une histoire des grandes dames du dix-septième siècle, pour lesquelles ils se sont épris d'un amour tout platonique, assez semblable à celui qu'ils professent pour la philosophie proprement dite. Voilà ce qu'on peut attendre de la philosophie séparée, — ainsi la nommiez-vous fréquemment dans nos entretiens intimes, — quand vient l'heure des grands périls. Elle se retire sous sa tente pour n'avoir pas à combattre ses alliés d'hier, ou elle s'oppose mollement à leurs entreprises. Ne me parlez pas de ceux qui aiment les Lettres par dessus tout : je crains toujours qu'ils n'aiment pas assez la vérité.

— Et pourtant, mon cher ami, ce serait l'heure de se donner tout entier à sa défense. Quelle gloire de concourir à son triomphe, de la faire connaître et de la faire aimer ! Quand me sera-t-il donné de la défendre autrement que par mes désirs et quelques paroles aussitôt évanouies ! Comme de grand cœur je me dévouerais à la servir par mes discours, par mes écrits, si Dieu m'avait accordé le don d'écrire ! Les paroles meurent, les livres se perpétuent. La parole ne dépasse pas les étroites limites d'un auditoire bientôt lassé, le livre pénètre partout, atteint, à toutes les distances, le lecteur du présent et celui de l'avenir. Qu'est-ce que la pensée, je dis celle dont on se croit le plus sûr, quand elle n'a pas subi la décisive épreuve de l'impression et du public ?

Oui, il faut que la philosophie chrétienne renaisse à la vie, qu'elle sorte de l'ombre des écoles, qu'elle pénètre de nouveau par le livre solide et simple, dans cette société qui ne la connaît plus. Il faut qu'elle entraîne à sa suite, qu'elle dilate à son contact la philosophie étroitement spiritualiste, à peine capable de maintenir quelques lettrés dans la connaissance d'un petit nombre de vérités imparfaitement comprises. Est-ce bien la peine, en vérité, de s'absorber depuis tant d'années dans l'analyse de quelques notions abstraites, dans la minutieuse description des phénomènes moraux, dans l'étude approfondie des facultés primordiales et des facultés secondaires, pour oublier de nous dire que chacune d'elles, à côté de sa fonction spéciale, concourt à la fin commune d'élever l'âme entière, que tout en nous aspire à monter, s'efforce de grandir, que telle est la nature et la loi de notre être ! — Oui, il le faut ; bien ou mal j'essaierai de combler ces lacunes, j'essaierai d'écrire.

— Vous ne pouviez rien dire, monsieur l'Aumônier, qui me fût plus agréable : cette nouvelle remplira de joie tous vos amis. Que votre pensée redresse la mienne, c'est son office ordinaire ; mais que cette correction, outre le profit qu'elle m'apporte, vous élève à des pensées plus hautes et vous détermine à prendre la plume, voilà qui dépasse mes espérances.

— Vous me suivrez.

— Beaucoup plus tard et de loin, comme un soldat suit son général.

— Il me semble que, pour le moment du moins, le guide de mes pas aussi bien que de nos discours, c'est vous, vous seul, et je suis loin de m'en plaindre. Mais où m'avez-vous conduit ? Quel jardin délicieux (1), et par quelle porte y sommes nous entrés ? Où est donc la paisible allée où nous conversions tout à l'heure ?

— A deux pas d'ici.

— C'est à n'en pas croire ses yeux. Toutes les fleurs de la saison, tous les fruits qui couronnent l'année ! Comme ces grappes brillent et rougissent délicieusement sous les tièdes rayons du soleil d'automne ! Le pampre qui les protège semble vouloir, jaloux de leur beauté, varier lui aussi sa couleur uniforme ; il prend toutes les teintes, il épuise toutes les nuances. On dirait que la nature, sur le point de s'endormir, concentre, dans un dernier sourire, tout ce qu'elle avait de charmes, tout ce qu'elle conserve d'espérances.

— Vous êtes poète par la grâce d'en haut : je m'en doutais, mon cher maitre, maintenant j'en suis bien sûr. C'est plaisir de diriger vos promenades, et il ne faut pas aller bien loin pour vous

---

(1) Il se nommait la Pépinière : il contenait, avec un grand nombre d'arbres fruitiers, toutes les variétés de raisins cultivées en France et à l'étranger. Il disparut quand, pour embellir le Luxembourg, on résolut d'en supprimer une partie, et non pas la moins riante.

conduire en pays inconnu. Cette dépendance du Luxembourg, ce jardin que vous admirez est tout proche......

— Je ne le connaissais point, j'en ferai ma promenade favorite. Que Dieu est bon ! Qu'il est admirable dans ses œuvres ! Comment les hommes peuvent-ils l'oublier, que dis-je, le méconnaître ? Ah ! mon cher ami, nous manquons de raison encore plus que de foi, et s'il nous reste peu de religion nous avons encore moins de philosophie. On ne s'élève pas du premier coup jusqu'au surnaturel ; on n'est pas tout d'abord humble et pieux. Il faut chercher plus près de nous des appuis plus connus, plus faciles ; il faut lentement, progressivement, par tous les degrés des phénomènes, par tous ceux de la pensée, parvenir enfin jusqu'à Dieu.

L'humilité !........ mais c'est une vertu chrétienne, c'est la fleur la plus délicate, c'est le fruit le plus doux du christianisme. Ils ne vous comprendraient pas, ils doivent passer par une autre école. Demander l'humilité à ceux qui ne croient pas en Dieu c'est leur demander l'impossible : il est déjà si difficile aux chrétiens de la conquérir et de la garder. Tous peuvent, au contraire, comme nous le faisons aujourd'hui, à la vue de ces beautés, de ces délicatesses qui nous ravissent, s'élever sans effort, par le sentiment d'abord, ensuite par la pensée, jusqu'à l'auteur de tant de merveilles. Les philosophes ont trop négligé cet élan propre à l'âme humaine, cette tendance à monter qui la distingue en tout temps et dès l'origine. Se laisseront-ils, cette fois encore, prévenir par les savants, et souffriront-ils qu'on use mieux qu'eux d'un procédé qui leur appartient ?

Nous avons abusé des majeures, mon cher enfant, nous donnons trop de place au syllogisme. Majeures et syllogisme sont excellents, mais ne sont pas toute la Logique, encore moins toute la philosophie. Nous savons parfaitement comme il faut descendre d'un principe à ses conséquences ; on dirait que nous avons, en philosophie du moins, perdu l'usage et le goût de monter. Et pourtant le monde entier n'est-il pas comme une échelle immense dont le premier échelon est toujours là, à notre disposition, sous nos pas, devant nos yeux. Il s'offre à nous dans cette fleur qui s'épanouit, dans cette tige qui s'élance, dans ce fruit qui se penche, plein d'un suc délicieux. Il est dans toutes les beautés, dans toutes les harmonies de la nature ; il n'est pas moins dans notre corps, dans nos veines, dans notre sang, dans tous les prodiges de cette circulation si rapide et si bien réglée, dans ce que nous voyons distinctement et dans ce qui échappe à notre ignorance ou à notre négligence.

Ah! si un philosophe chrétien, pénétré de cette pensée que le mouvement propre à l'âme est le mouvement vers les hauteurs, que l'induction est le procédé essentiel de la raison comme la perfection croissante est la loi de la morale, si un tel philosophe appelait à son aide les réflexions des sages et les expériences des savants, s'il ne négligeait aucun témoignage, de quelque part qu'il vint, de l'âme, de la nature ou de l'histoire, n'en doutez pas, mon cher ami, ce philosophe pourrait écrire, pour ce siècle oublieux, une nouvelle préface de la foi !

— Non seulement je n'en doute pas, mais j'affirme que cette philosophie vous nous la donnerez, que cette préface vous l'écrirez.

— Une telle entreprise est au-dessus de mes forces. Je ne suis pas encore assez maître de ma pensée, je n'ai pas assez réfléchi, assez étudié.

— S'il ne faut que du temps nous vous en accorderons.

— Il est vrai que les mathématiques pourront m'être d'un grand secours. Je compte beaucoup sur le calcul infinitésimal......

— Et moi bien davantage sur l'étendue de votre savoir, sur la pénétration de votre esprit, sur la force de votre pensée et, faut-il le dire, comme je le crois, sur l'émotion communicative de votre parole. Quant à l'analyse des géomètres, pour parler la langue du dix-septième siècle, si c'est une certaine façon de penser, et rien n'est moins certain, elle n'a rien à voir avec la philosophie. Au lieu de l'aider elle l'embarrasse ; elle la détourne, l'histoire le prouve, de sa voie naturelle, elle lui impose sa méthode exclusive, elle...

— N'en dites pas de mal : si vous aviez lu Leibnitz, si vous pouviez apprécier la profondeur de sa conception, vous n'hésiteriez pas à changer d'avis.

— Assurément son autorité est bien grande, mais, en attendant de l'avoir lu, je m'en tiens aux faits : ils parlent plus haut que tous les livres.

— Que cette philosophie serait belle, mon cher enfant, qu'elle serait grande si, maîtresse des sciences humaines elle les entraînait à sa suite, de tous les points du monde fini vers l'Infini, si l'humanité s'élevait avec toutes les puissances qui sont en elle vers la source de l'Être et de la Vérité. Non seulement les esprits seraient éclairés, les âmes purifiées, mais les institutions et les mœurs se transformeraient peu à peu, les nations comprenant enfin cette loi du progrès dont on leur cache le sens profond, iraient de plus en plus, sous l'œil de Dieu, grandissant dans l'amour et dans la lumière, s'affermissant dans la paix ! — L'épi naît du germe, le fruit de la fleur qui d'abord a dû mourir ; l'arbre qui étend au loin ses rameaux et son feuillage, tout ce qui doit durer est sorti des entrailles de la terre et d'une tombe où se cachaient les semences de la vie. Pourquoi la philosophie échapperait-elle à la loi qui régit toute la création ? Si nous n'osons lui demander de s'anéantir dans l'humilité pour se relever dans la gloire de la vérité conquise, que du moins, avec la nature entière, avec tous les êtres et toutes les choses, par toutes les voies anciennes ou nouvelles, elle monte du fini à l'Infini, de l'homme à Dieu ; qu'elle fasse connaître le grand ressort intérieur, et qu'elle obéisse la première au mouvement qu'il imprime.

— Ou je me trompe fort, mon cher maître, ou ce point de vue est en effet assez oublié pour qu'on puisse, à partir de lui, édifier une philosophie digne de prendre sa place à côté de celle qui règne depuis longtemps et continuera de dominer dans les écoles chrétiennes. Qu'autour de cette pensée principale viennent se ranger, par l'effort d'un esprit ordonnateur, (ordonner ici c'est créer) toutes les pensées secondaires qui en dépendent, qu'un auteur, disons mieux, un homme, — il est tout trouvé, — les marque au signe de son âme, et voici venir une forme nouvelle de la vérité immuable, un nouveau témoignage de la raison créée en faveur de la sagesse éternelle, une philosophie qui tiendra dignement sa place parmi celles du dix-neuvième siècle. Mais comment la nommerons-nous ?

— La philosophie du procédé principal de la raison ? Que vous en semble ?

— Ou celle de l'induction, car il importe d'être court. Le nom d'ailleurs viendra toujours assez tôt quand nous aurons la chose. Je souscris à tout, à une seule condition.

— Je la devine, mon ami, et préviens vos désirs. Vous voulez que l'élan de l'induction profite à celui de l'humilité, et que la raison devienne, par l'exercice de la première, capable de la seconde.

— Je n'ai pas tant d'ambition pour ma pensée de l'élever à la hauteur de la vôtre, trop heureux qu'elle ait pu, même dans son excès, lui donner l'occasion de se produire. Je désire seulement que vous réserviez, en vue de l'avenir, les droits de l'humilité.

— J'irai plus loin : je promets de mettre la philosophie de l'induction, ma philosophie (je souris en employant ce terme présomptueux) quelle que soit sa fortune, tout ce que je dirai, tout ce que j'écrirai, sous la garde de l'humilité. N'est-ce pas le meilleur moyen de donner, en attendant mieux, un corps à la philosophie que vous rêviez ?

— Ni la mienne — mon cher maître, — elle n'était qu'un délassement de mon esprit, — ni la vôtre, bien qu'elle soit pleine de promesses, ne se réaliseront peut-être jamais. Et pourtant quelque chose me dit que les pensées rapidement échangées entre nous sont, à l'heure présente, les pensées d'un grand nombre d'esprits. Ouvrez seulement la voie : on ne tardera pas à s'y engager à votre suite. Il y a dans cette génération qui grandit et n'attend que des chefs, assez d'âmes marquées d'un signe propre et capables d'une pensée qui leur appartienne, pour que ce siècle voie naître et se développer, avant son déclin, plus d'une philosophie qui l'honorera dans l'histoire. Il est né dans la lutte, presque dans la mort, il finira dans la paix et la plénitude de la vie. L'Église de France a déjà reconquis la chaîne d'or de l'éloquence : il faut qu'elle partage, avant cinquante ans, l'empire de la philosophie et celui de la science.

— Périssent à jamais nos noms, nos discours, tous nos vains projets, et que ce souhait s'accomplisse !

— Il est pourtant, mon cher maître, bien doux de rêver qu'on donne au monde une philosophie.

— Si le rêve est doux, l'œuvre est pénible, et il y a loin du grain de sénevé au grand arbre.

— Pas tant qu'il semble, si le grain de sénevé consent à mourir.

— C'est chose faite, mon cher enfant, autant du moins qu'il est au pouvoir de l'homme.

— Alors, n'en doutons pas, l'arbre est déjà né.

— *Les trois Récits qu'on va lire sont empruntés à un livre commencé depuis très longtemps, et qui, selon toute apparence, ne sera jamais terminé ; il aurait eu pour titre :* La Cité chrétienne. *Nous les avons choisis, entre plusieurs autres, à cause de leur rapport étroit avec les pensées développées dans la* Naissance d'une philosophie.

LES TROIS VISIONS DE SAINT BRUNO

Sur le point de quitter la solitude où il avait établi ses frères, pour obéir aux ordres du pape et se rendre en Italie, saint Bruno n'était pas sans inquiétudes. Les plus belles âmes et les plus saintes n'en sont jamais ici-bas entièrement délivrées, c'est une partie de leur épreuve. Les Chartreux pourraient-ils, dans leurs pauvres cabanes, résister longtemps aux rigueurs d'un âpre climat? Épuisés par le froid, les privations, ne seraient-ils pas ensevelis quelque jour sous une avalanche plus rapide et plus terrible? C'est un danger qu'on avait couru plus d'une fois déjà, contre lequel des murs de pierre pourraient quelque chose, que de simples huttes étaient impuissantes à conjurer. D'où viendraient d'ailleurs aux premiers colons du désert des compagnons et des successeurs? Qui se hasarderait à travers ces rochers à pic et ces forêts impénétrables pour venir, à leur suite, embrasser une vie de pénitence? Saurait-on seulement dans quelques années s'ils existent encore, et leur mémoire n'allait-elle point périr avec le fruit de leurs travaux?

Mais, si sauvage qu'il fût, ce désert leur avait été donné par les évêques de Grenoble, ses légitimes possesseurs. Quelle reconnaissance leur en avaient-ils témoignée? Qu'avaient-ils fait pour eux en échange d'un tel service? Ce n'était point pour l'âme aimante de Bruno la moindre peine et la moins amère que cette ingratitude apparente. Aux ferventes prières qu'il adressait chaque jour au ciel pour son bienfaiteur, il aurait voulu joindre quelque preuve sensible de sa profonde reconnaissance, quelque souvenir de son passage dont il pût orner, par exemple, la cathédrale de Grenoble.

Un jour que, plongé dans ses pénibles réflexions, saint Bruno y avait mis fin par un acte parfait d'abandon à la volonté divine, il lui sembla que des bruits étranges sortaient du fond d'un énorme rocher en face duquel il était assis.

On eût dit que des milliers d'ouvriers invisibles taillaient, ciselaient, polissaient à la fois la pierre dans les entrailles du sol. Le rocher lui-même semblait, sous l'effort de ce travail intérieur, aplanir ses crêtes aiguës et s'amoindrir à vue d'œil. Bruno le regardait s'éloigner peu à peu avec un étonnement qui ne lui laissait plus ni pensée, ni parole, quand les mêmes bruits qui venaient de s'interrompre un instant recommencèrent avec une nouvelle force. Cette fois c'était derrière lui qu'ils se faisaient entendre; on eût dit d'une armée de maçons, de sculpteurs et de couvreurs empressés à leur travail. Le saint se retourna, et à la place qu'il avait vue tout à l'heure couverte d'une sombre forêt, s'élevaient de vastes bâtiments dominés par des tours d'une architecture inconnue. Tout bruit avait cessé, tous les ouvriers avaient disparu.

Bruno crut que l'avenir se révélait à lui par une merveille de la bonté divine; il s'humilia et se prosterna dans une pieuse action de grâces.

L'esprit du mal, le tentateur ne se tint point pour battu; il se hâta de recommencer, avec toutes ses forces, l'attaque d'une âme si bien gardée.

Un jour que du sommet d'un rocher le fondateur des Chartreux contemplait les ravins escarpés, les gorges étroites, les forêts profondes, les rocs dentelés qui, aussi loin que le regard pouvait s'étendre, formaient autour du Désert comme une barrière infranchissable, il lui suggéra de nouveau et avec toute la force qu'il y put mettre, cette pensée de défiance et de découragement.

« Jamais, non jamais, du monde on ne viendra
« jusqu'à toi. Point de routes frayées, pas même
« un étroit sentier. Mille monastères d'un accès
« facile, d'un séjour agréable, s'ouvrent partout
« aux âmes saintes et aux pécheurs repentants,
« et tu voudrais qu'on vînt te chercher ici, à tra-
« vers tant de périls, dans la plus grande soli-
« tude. Des milliers d'ouvriers ne suffiraient pas,
« durant des années entières, à construire la route
« qu'un orage ou une avalanche peut emporter
« en un instant. N'est-ce pas l'orgueil qui t'a fait
« concevoir une pareille entreprise, l'esprit malin
« qui l'a favorisée de ses illusions, et ne finira-t-
« elle pas, tôt ou tard, par la honte et le
« remords ? »

Plus Bruno regardait autour de lui, plus dans son âme le doute allait grandissant. Il sentit que de la région des images et des idées vaguement conçues il passerait bientôt à la pensée complète, que la volonté allait s'engager à sa suite, dans une route pleine de périls. Par un effort héroïque aidé de la grâce d'en haut, il la remit dans la voie de la vérité. Du fond de l'âme il prononça de nouveau et avec encore plus d'énergie, un acte absolu d'abandon à la volonté divine.

Les yeux du saint s'étaient fermés d'eux-mêmes pour laisser toute liberté d'agir aux puissances intérieures. Quand il les rouvrit ce fut pour être le témoin d'un spectacle étrange. Sur une route large et commode qui, des profondeurs de la plaine, montait en serpentant vers le rocher, des voyageurs s'avançaient, calmes, silencieux, la plupart isolés, quelques-uns par groupes de deux ou trois. C'étaient des jeunes gens, des hommes mûrs, des vieillards; les uns portaient la robe du prêtre, les autres l'habit du chevalier, ceux-là le long manteau des magistrats : les ouvriers et les paysans n'étaient pas les moins nombreux. Plus loin s'étendaient les regards du saint, et plus les costumes des voyageurs lui semblaient différents de ceux qu'il avait vus dans le monde : quelques-uns brillaient d'un éclat extraordinaire. Allaient-ils monter jusqu'à lui? Que lui voulaient-ils et que venaient-ils faire en ces lieux? A ce moment son regard cessant de s'abaisser vers la vallée sauvage où le Guiers précipite ses eaux bruyantes s'éleva du côté des hauteurs. O prodige! la même voie douce et facile se continuait au-delà du rocher, et sur cette route à peine un peu plus étroite, autant de moines couverts de l'habit des Chartreux, s'avançaient, pieux et recueillis, isolés ou par groupes, qu'il avait vu de voyageurs couverts d'habits séculiers. Ils montaient lentement, silencieusement, absorbés dans la méditation et la prière.

Bruno crut que l'avenir se découvrait à lui une seconde fois, par une merveille de la bonté divine. Il s'humilia et se prosterna dans une pieuse action de grâces.

Cependant le jour du départ approchait, et s'il le voyait venir avec une sainte confiance dans les desseins de Dieu sur son Ordre naissant, rien n'indiquait que ni lui, ni les siens, fussent jamais en état, dans leur extrême pauvreté, de reconnaître le don des évêques de Grenoble.

« Je sais, se disait-il un jour, dans une de ses promenades solitaires, qu'on nous a demandé seulement des prières, que nos jeûnes et nos larmes sont plus utiles à ce diocèse que les plus abondantes largesses. Et pourtant la reconnaissance est si douce au cœur des obligés que j'en voudrais dès aujourd'hui donner à M#gr# Hugues quelque marque sensible. Dieu ne défend point qu'on échange dès ici-bas ces témoignages d'amitié fraternelle. Lui-même nous en a donné l'exemple dans les jours bénis de sa vie mortelle; de quel prix n'a-t-il pas payé les moindres bienfaits? Serait-il défendu de l'imiter en ce seul point quand nous nous efforçons de le suivre dans tout le reste? Mais, hélas ! nous ne possédons rien que nos pauvres cabanes. Pour tout plaisir des yeux nous n'avons, après ce long hiver, que la vue des arbres qui ont secoué leur manteau de neige, et celle de ces douces fleurs dont nous admirons l'éclat sans savoir seulement leurs vertus. Leur parfum embaume l'air, leurs couleurs variées récréent la vue et ornent la terre. Ah ! si je pouvais, petites fleurs de Dieu, vous porter ainsi sans vous blesser, toutes fraîches et toutes vives, dans le cloître de M.gr Hugues, pour qu'il partage avec nous la joie de vous voir si belles et si pures ! »

Ce disant le saint se pencha vers la terre et caressa de la main, mais sans la cueillir encore, une des plus belles fleurs de ce tapis magnifique. O merveille ! A peine l'avait-il touchée qu'elle se changeait, sous ses doigts, en un beau calice d'or ! Une de ses sœurs devenait bientôt, dans ses mains, une étole de la soie la plus pure, du travail le plus parfait. Une troisième à peine cueillie se transformait en un chandelier d'argent. Ce n'était là que le début d'une autre vision bien plus étonnante que les deux premières.

Bientôt, en effet, la forêt tout entière changeant peu à peu d'aspect, au lieu des arbres, des rochers et des fleurs, Bruno vit autour de lui et aussi loin que pouvait porter son regard, des tours, des colonnes, des statues, des autels, des portiques, s'élever, se multiplier, se disposer de mille manières, reproduire tantôt les dehors, tantôt l'intérieur de magnifiques églises, de vastes maisons-Dieu. La pierre, le marbre, le verre teint des plus brillantes couleurs, prenaient mille formes qu'il ne connaissait point, étalaient à ses yeux des merveilles dont il n'avait pas l'idée. Puis, comme pour remplacer le murmure des vents à travers les arbres de la forêt, les sons puissants d'orgues invisibles vinrent donner la vie à ce mobile spectacle, en même temps que du haut des tours sculptées, dentelées, élancées, le joyeux carillon des cloches élevait jusqu'au ciel le chant de sa louange et ses hymnes d'amour.

Je n'essaierai point de peindre le ravissement du saint. Sans doute il ne comprit pas, comme nous l'entendons aujourd'hui, le sens de cette vision mystérieuse. Mais les secrets rapports que son intelligence ne pouvait découvrir son cœur les crut possibles. Le Dieu qui avait changé l'eau en vin, qui avait multiplié les pains dans le désert, et fait jaillir de l'aride rocher la source d'eau vive, ce Dieu tout puissant et tout bon ne pouvait-il faire que des fleurs payassent un jour à Mgr Hugues, la dette de frère Bruno.

LA TENTATION. — LA CHUTE.

« Rome a parlé, nous devons nous soumettre. »
Voilà ce que répètent, avec une monotonie qui
me lasse, leurs lettres et leurs discours. Voilà ce
que bégayait ce soir encore à mes oreilles cette
frêle créature, ce Maurice de Guérin qui m'avait
habitué de sa part à une soumission sans réserve.
Les forts parlent comme les faibles, les ardents
comme les timides, Lacordaire et Montalembert
comme de Coux et Gerbet. J'allais oublier le futur
historien de l'Église, et son langage âpre comme

son nom (1). Eh quoi! à cette lettre venue de Rome, à ce seul mot prononcé par un vieillard, ces intelligences pleines des grandes idées que j'y avais semées s'empresseraient de les arracher, ces jeunes disciples, l'honneur et l'élite de la France catholique, abandonneraient leur maître, s'il n'abandonne sur le champ, sans hésitation, sans restriction, ce qu'ils nomment déjà mon erreur. Aujourd'hui encore, chef d'une glorieuse École, presque un Père de l'Église (c'est le titre que plusieurs me donnaient), je ne serais plus demain, si je refuse de souscrire à ma honte, je ne serais plus qu'un hérétique et un apostat!

Un apostat! non, jamais. Quelle tache à mon nom! Quelle douleur à mon frère! Il me faudrait rompre avec tous les miens, vivre désormais seul, loin de ceux qui m'aimaient, dans la solitude où s'aigrirait mon âme, où mon imagination deviendrait bientôt plus maîtresse de moi que moi-même, où, d'excès en excès, de chute en chute... je frémis rien qu'à y songer.

Non, — apostat, — je ne le serai point; je n'irai point grossir les rangs de ces traîtres vulgaires, esclaves de leurs sens et de leurs gros-

---

(1) L'abbé Rohrbacher réunissait, à cette époque, les matériaux de sa grande *Histoire de l'Église catholique*.

sières passions, de ces Judas que l'Église rejette comme l'écume qui trouble la pureté de ses eaux. Loin de moi cette lèpre dont la seule idée souille mon âme ; loin de moi la contagion des corrompus et des corrupteurs, de ceux qui ont violé leurs serments, vendu leur maître, profané les plus saints mystères ! Horreur ! si mon nom devait jamais être associé à leur nom, si l'on pouvait comparer à ces cœurs souillés, à ces intelligences plongées dans la nuit, mon cœur plein d'amour pour la vérité, mon intelligence qui de ses vives clartés illuminait les plus difficiles questions, sondait, pénétrait........

S'ils savaient, s'ils soupçonnaient seulement à quel point j'aimais l'Église, de quel cœur je me dévouais à la défendre, quels sacrifices j'aurais embrassés pour elle, ils auraient plus longtemps suspendu leurs anathèmes. Mais je veux l'aimer, l'aimer toujours, l'aimer, s'il le faut, malgré elle. Suis-je donc le premier qui l'aimerait de cette sorte, qui s'obstinerait à lui rendre des services qu'elle repousse. N'est-ce pas dans tous les temps qu'elle a trouvé des amis sincères, plus dévoués à ses intérêts que tant d'âmes timides qui n'ont pas su lui dire la vérité ? N'est-ce pas le privilège de l'intelligence et son droit qu'elle maintienne contre tous la vérité qu'elle possède ?

Mais ma vérité est-elle, après tout, plus certaine que la sienne ? Est-ce à nous de lui dicter nos opinions, ou bien à elle de nous imposer sa foi? N'ai-je pas changé déjà, varié dans mes jugements ? N'aurais-je pas changé davantage si sa règle et son Credo n'avaient plus d'une fois, puissances toujours présentes, contenu mon imagination, soutenu ma pensée ? Qui fait fausse route d'elle ou de moi? — Mais la route, ils l'ignorent ! Ces vieillards attardés dans le passé ne savent rien de leur temps, de la disposition des esprits, des besoins des âmes, des maladies qui les travaillent, des remèdes qu'elles réclament. Je voulais que l'Église devînt, pour les générations qui s'égarent de plus en plus, source unique de lumière, que d'elle procédât tout enseignement, et l'Église rejette mes dons ! Elle prétend que j'amoindris la raison de l'homme, que j'enlève à la foi son fondement nécessaire, que je confonds l'ordre de la nature et celui de la grâce. Elle ne veut point, dit-elle, d'une puissance qui ne lui a pas été donnée, d'une domination qui compromettrait ses droits légitimes, elle ne veut pas sauver le monde du scepticisme et de l'anarchie ! D'où lui viennent à la fois cette confiance dans la raison de l'homme et cette défiance des hommes supérieurs ?

Mais sait-elle seulement s'il en existe ? Qu'on m'en cite un seul qui lui ait imposé sa pensée, avec lequel elle ait compté ! Elle ne compte qu'avec elle-même : elle veut bien des défenseurs, des apologistes et, dans les seules questions de discipline, de prudents conseillers. Mais quand il s'agit de sa doctrine, il n'est pas de voix humaine capable de la faire fléchir. Le plus puissant génie est devant elle comme s'il n'était pas. N'a-t-elle pas égalé l'humilité à la science ? N'a-t-elle pas mis la sainteté au-dessus du génie ? Qu'espérer d'elle et d'une société religieuse qui se gouverne par de tels principes !

Insensé qui voulais réconcilier l'Église avec son temps, l'Église vieille de dix-huit siècles, tu oubliais qu'à peine au berceau, dans la faiblesse de sa première enfance, quand elle n'avait encore pour elle ni les peuples, ni les rois, mais seulement les pauvres et les esclaves, elle se croyait déjà plus savante qu'Origène, plus éloquente que Tertullien, qu'elle ne ménageait pas plus les puissances de l'esprit que celles de l'Empire !

Et pourtant elle n'a pas condamné Origène et Tertullien comme elle me condamne !..... Sans doute ils étaient moins coupables que moi et moins audacieux...... ils n'erraient que sur des points secondaires........ ils n'avaient pas pour s'éclairer, les lumières de tant siècles ; tant de dogmes n'étaient pas définis. Le crime de la contredire grandirait donc avec les années, et les derniers venus, instruits par tant d'exemples, formés par tant de leçons, seraient toujours les plus coupables ! Alors je comprends......

Mais à ce compte aussi je pourrais être plus grand que Luther, plus grand que Calvin ; et s'il faut plus de génie pour se dresser contre l'Église à mesure qu'elle prend plus d'âge et de force, quel génie surpasserait le mien, et quel déchirement des âmes pourrait se comparer, dans le passé, à celui que provoquerait ma défection ! Quelle gloire pour mon nom, pour mes livres !

Mes livres...... il vaudrait mieux ne les avoir jamais écrits. Qui voudra suivre celui qui trahit sa propre pensée, qui déserte sa voie, qui se ment à lui-même ? Comment croire au réformateur qui a tonné contre les réformateurs du seizième siècle, qui leur a reproché comme un crime sans remède et sans pardon l'indifférence religieuse dont ils ont, à profusion, semé les germes dans les âmes, l'indifférence qui tarit en elles les sources de la vie, qui nous abaisse au-dessous des peuples païens dont nos infamies rappellent déjà les turpitudes, dont notre ruine vengera bientôt la mort. La dernière Réforme a tué toutes celles de l'avenir, elle a divisé l'Église, isolé les âmes ; avec l'autorité elle a détruit la foi, il n'y a plus de place pour un Luther ni un Calvin, il n'y en a plus que pour l'indifférence l'indifférence en attendant la mort, puisque l'Église ne veut pas qu'on la sauve, puisqu'elle repousse celui qui pouvait l'éclairer et qui l'aimait plus que lui-même.

Plus que moi-même..... est-ce bien la vérité, et n'est-ce pas moi que j'aimais par-dessus tout d'un amour égoïste ; n'est-ce pas ma gloire que je cherchais dans mes travaux et dans mes livres ! Ah ! peut-être il en est temps encore : oui, je veux désormais aimer d'un amour pur, désintéressé, sincère..... Quoi ?... L'Église ? — Elle a dédaigné ma pensée, rejeté mes conseils, méconnu mon dévouement......

— Non, mais le peuple, c'est le roi de l'avenir.

— C'est l'enfant de l'Église.

— Il a bien oublié sa mère.

— C'est elle qui l'a fait ce qu'il est.

— Il ne s'en souvient plus ; je placerai dans ses mains le flambeau dont l'Église ne veut pas.

— La lumière vient d'en haut.

— N'étais-je pas, moi, un fils de ce peuple ? Ma mère m'a repoussé. Pour le peuple et pour moi ce n'est plus qu'une marâtre : je le dirai à l'univers.

— Jamais ce blasphème ne sortira de ta bouche.

— Que faire donc ?

— T'humilier comme les saints.

— J'entends....... déchirer mon livre comme Fénelon.

— Sa gloire en est-elle moins pure ?

— Qui sauvera la mienne ? N'est-elle pas tout entière dans mon école et dans ma pensée ? Mes disciples dispersés, mes livres condamnés, ma parole étouffée, que reste-t-il de moi ?

— Ta vertu.

— Pour m'en envelopper comme d'un manteau, tandis que, dans la pourpre romaine, ceux qui m'ont condamné et ne me valaient point, ceux qui perdent l'Église dont ils usurpent les honneurs......

Le dialogue intérieur parut s'arrêter, ou peut-être il devint trop vif, trop précipité, pour que la parole humaine puisse le traduire.

Les yeux de Lamennais se fermèrent à demi, un sourire étrange erra sur ses lèvres, un tremblement de courte durée parut agiter tous ses membres. — Dans le ciel la couronne d'un docteur tomba des mains d'un ange, et son trône se brisa.

LE PRIX DE L'HUMILITÉ.

L'AUTEUR DE L'IMITATION.

Comment fut écrite l'Imitation de Jésus-Christ.

Au fond d'un cloître isolé, perdu dans les montagnes, de pauvres religieux priaient, copiaient des manuscrits, vivaient du produit de quelques champs conquis sur la forêt voisine. Des événements d'ici-bas, de la fortune des grands et des rois, de la paix et de la guerre ils ne savaient presque rien et se souciaient assez peu. Seul, le bruit des écoles montait parfois jusqu'à leur solitude, souvent même il la troublait. C'était au treizième siècle, à l'époque où la science des docteurs chrétiens élevait ses plus beaux monuments, et la foi des peuples ses plus belles cathédrales. Les universités se passionnaient pour des thèses difficiles, se partageaient sur des questions épineuses où les maîtres les plus fameux faisaient preuve, à l'envi, de pénétration et de subtilité, de savoir et d'éloquence. Il n'était point de retraite si cachée où ne retentit l'écho de leur parole, où quelque moine, voyageant pour les intérêts de l'Église ou de son Ordre, ne payât l'hospitalité d'un jour par le récit de quelque brillant tournoi de savante dialectique. On écoutait avidement, on multipliait les questions, on prenait parti, on s'ingéniait à trouver des arguments nouveaux. C'était, dans le cloître en tout temps si paisible, un mouvement, une agitation qui se prolongeaient durant plusieurs jours.

Seul le plus jeune et le dernier venu des frères écoutait en silence et ne prenait aucune part à ces ardentes discussions. Nul toutefois n'en eût été plus capable et n'y eût apporté plus de science et de lumières. Nourri dès son enfance dans une école célèbre, disciple préféré d'un maître fameux, son mérite éclatant le destinait à devenir maître à son tour; il avait échappé par un exil volontaire à ce périlleux honneur.

« Grand Dieu, s'écriait-il souvent dans l'élan d'une prière intérieure, sauvez-moi, sauvez mes frères, sauvez les docteurs de votre Église de l'orgueil qui les perdrait, comme il a perdu l'ange épris de lui-même. Que deviendra la cité chrétienne, si la citadelle de la science et celle de la prière tombent au pouvoir de l'ennemi! Que deviendra votre Église, si la vanité du savoir humain se répand comme un subtil poison dans les écoles et dans les cloîtres? Ont-ils donc oublié, ces maîtres trop applaudis, que les sages mêmes du paganisme subordonnaient toute science à celle du Bien? C'est vers lui qu'ils s'élevaient par tous les degrés de la dialectique, à travers les ombres et les voiles des réalités inférieures; c'est en lui seul qu'ils se reposaient, c'est lui qu'ils aspiraient à contempler. Le Verbe qu'ils avaient nommé sans le connaître, enflammait à ce point leurs désirs, et nous aurions ici-bas, nous chrétiens, d'autre amour que celui du Bien suprême et du Verbe incarné!... Est-il une science qui ne vienne de lui, qui ne se termine à lui, dont il ne soit l'alpha et l'oméga, le point de départ et la fin? Voit-on le chandelier se glorifier d'être la lumière, et parce qu'il la porte s'imaginer qu'elle vient de lui? Nos âmes sont-elles la lumière, parce que la lumière daigne les éclairer? Peut-on bien, ô mon Dieu, s'imaginer qu'on sait quelque chose, et ne point vous rapporter tout l'honneur de cette science incertaine, imparfaite, toujours prête à défaillir? Les vrais savants ne sont-ils pas ceux qui ne veulent rien savoir qu'en vous et par vous? J'ai vu de près les docteurs de la terre, j'ai suivi leurs leçons et j'ai reconnu que vous êtes le seul Maître, et qu'on ne devient maître que dans la mesure où l'on vous écoute.

« Ah! si je pouvais dire ces choses comme je les vois et les sens, si je pouvais rappeler à ceux qui l'oublient quelle science doit, dans leur âme, dominer et féconder toutes les autres, dût ma parole ne sauver de l'orgueil que deux ou trois de mes frères.... Mais n'est-ce pas à moi-même une présomption bien coupable de songer à une telle entreprise.... En suis-je capable? en suis-je digne? »

À ce moment de sa prière, l'humble religieux crut entendre une voix (venait-elle du dehors ou du dedans) qui lui disait : « Écris, j'aime les humbles, je serai avec toi. »

Quelques mois plus tard les deux premiers livres de l'*Imitation de Jésus-Christ*, transcrits par les religieux, commençaient à se répandre dans les pieux asiles des provinces voisines.

De la Science à la Paix la distance n'est pas grande : le solitaire l'eut bientôt franchie. Si la science maîtresse est celle du Verbe, la paix véritable, la seule digne de ce nom, est celle de l'âme unie à lui, en commerce intime avec lui. Cette paix que le disciple des écoles n'avait point trouvée dans le tumulte du monde et l'éclat des vaines controverses, son sacrifice la lui avait promise, le cloître l'avait peu à peu consommée. Il en jouissait pleinement, il voulait que d'autres en pussent jouir comme lui. Il en parla si bien dans son troisième livre, avec tant de naturel et de simplicité, avec une conviction si profonde et un détachement si grand de lui-même, avec un sentiment si communicatif de paix intérieure et inaltérable, que l'*Internelle consolation*, comme on la nommait alors, devint bientôt le livre préféré d'un grand nombre de chrétiens. On ne trouvait pas assez de mains pour la transcrire, on ne se lassait point de la lire et de la répandre.

Moins satisfait que ses lecteurs l'auteur de l'admirable petit livre ne le trouvait point si parfait. Il avait perdu pour lui-même la paix que d'autres avaient, grâce à lui, reconquise. Tantôt il craignait les tentations de la vaine gloire et se prémunissait contre elles par tous les moyens en son pouvoir, tantôt il se reprochait d'avoir été la cause involontaire d'un grand nombre d'excès et d'erreurs ; il regrettait de n'avoir point dit tout ce qu'il aurait fallu dire, de n'être point remonté jusqu'à la source ineffable de la science et de la paix :

« Mieux eût valu me taire, Seigneur, que parler si mal de vous et de vos dons. Ai-je bien pu convier les hommes à vous imiter, et ne leur point dire où ils puiseraient la force de suivre vos exemples ! N'est-ce point vous qui donnez la science et la paix en donnant la vie, et cette vie n'est-ce point vous-même ? En quoi votre cité différerait-elle des cités de la terre, et vos enfants des enfants des hommes, s'ils n'avaient pour se nourrir qu'un pain grossier, aliment d'une vie inférieure ? Qui saura bien ce que vous êtes s'il ne vit en vous ? Qui sera consolé dans la mesure de ses misères, et jouira d'une paix plus forte que toutes les tempêtes, s'il ne vit de votre vie et ne se nourrit de vous-même ? Mon œuvre est incomplète, elle est inutile et dangereuse, si je ne parle point de l'aliment qui forme en nous la vie supérieure et divine ; mais si j'ose en parler, ma présomption se découvre dans mon impuissance, et je tombe accablé sous un fardeau trop lourd pour mes forces. Vous seul, Seigneur, pouvez parler dignement d'un don qui dépasse infiniment tous vos dons, de la source mystérieuse où l'on puise, avec la vie, la science et la paix. »

Vainement, pour échapper à ces pensées qui l'obsédaient jour et nuit, l'humble religieux cherchait tour à tour un refuge dans la prière, la promenade et le travail. Elles le suivaient à l'église, dans sa cellule, sous l'ombrage épais d'un bois voisin, asile ordinaire de ses longues méditations.

C'est là qu'un jour, après des agitations plus grandes encore que de coutume, épuisé, anéanti, il tomba au pied d'un arbre dans un sommeil profond. Bientôt il lui sembla voir son livre transcrit par une multitude de moines dans un nombre infini de couvents. Des cloîtres il passait dans le monde, pénétrant dans les cités populeuses, les universités, les riches capitales. Plus tard, d'étranges machines dont il n'entrevoyait que vaguement les formes indécises, le reproduisaient avec une rapidité incroyable à un nombre prodigieux d'exemplaires. Il faisait les délices des grands, des riches, des humbles, des pauvres, de tous les affligés, de tous les délaissés. Les cœurs blessés ou malades venaient à lui, et il avait pour chacun d'eux des consolations et des remèdes infaillibles. On le traduisait dans toutes les langues, on accompagnait l'humble texte de notes, de préfaces, de savants commentaires, de pieuses réflexions. Plus tard, on disputait dans chaque pays à qui en avait fait la meilleure traduction, la plus exacte et la plus touchante. Plus tard encore, de grands poètes (1) se faisaient un

---

(1) Corneille, le grand Corneille, a traduit en vers l'Imitation de Jésus-Christ. Cette traduction eut un grand succès ; du vivant même de son auteur, il en parut plus de vingt éditions.

honneur de le traduire en beaux vers et ne dédaignaient point d'employer leur génie à cette tâche qu'ils estimaient glorieuse. Enfin, je ne sais quelle voix venue de l'enfer ou du ciel (1), pour perdre ou pour exalter, pour combler la louange ou la tentation, s'écriait qu'un tel livre avait sa place marquée près de l'Évangile.

Tout plongé qu'il fût dans le sommeil et accablé sous le poids de ces visions où sa pensée se perdait flottante comme son rêve, le solitaire s'écria, en proie à la terreur ; « Arrière, tentateur, arrière !... » Puis, se réveillant soudain, encore tout ému, mais en pleine possession de lui-même : « Grand Dieu ! s'écria-t-il, périsse mon nom, périsse ma mémoire et gloire à vous seul ! Que les hommes ignorent à jamais la date et le lieu de ma naissance, ma famille et ma patrie : qu'ils ne sachent rien de moi, ni de ma vie que je veux cacher en vous, ni de mon nom que je veux perdre dans le vôtre... Refusez-moi tous les biens d'ici-bas, Seigneur, et accordez-moi cette grâce. »

A quelque temps de là, le quatrième livre de

---

(1) Fontenelle a dit de l'Imitation de Jésus-Christ qu'elle est le plus beau livre sorti de la main des hommes, puisque l'Évangile n'en vient pas.

l'Imitation s'ajoutait aux trois premiers; le dernier mot de l'amour avait dit le dernier mot de la science et de la paix; l'œuvre avait sa couronne. Quelle fut, dans ce beau travail, la part du pieux solitaire? il ne nous l'a pas dit, pas plus qu'il ne nous a dit son nom; mais nous savons que Dieu donne aux humbles ce qu'il refuse aux superbes. Il est bien permis de croire qu'il fit d'un livre parfait le prix d'une humilité parfaite

II.

La Doctrine de l'Expiation.

Le Temps et l'unité de Temps.

L'Espace et la Matière.

Une journée à Domremy.

LA DOCTRINE DE L'EXPIATION

(7. SEPTEMBRE 1765).

———

Les vacances de l'année 1765 venaient de s'ouvrir pour la vieille Université lorraine, et les professeurs jouissaient ainsi que leurs élèves d'un repos mérité. Pour ces derniers la joie était sans mélange, l'avenir sans nuages : il n'en était pas ainsi de leurs maîtres. Membres, pour la plupart, d'une compagnie proscrite, ils ne devaient qu'à la généreuse bonté d'un vieillard l'abri passager que sa mort allait leur ravir. Stanislas, roi de Pologne et duc de Lorraine, touchait au terme de sa longue carrière; lui disparu, la Lorraine devenait, en vertu des traités, province française. Dès lors, plus de tolérance et de protection : la loi commune s'appliquerait aux jésuites de l'Université de Pont-à-Mousson; il leur faudrait se disperser aussitôt et prendre, à la suite de leurs frères, la route de l'exil. Ce petit coin de terre était leur dernier asile, leur dernière école : ils n'espéraient pas en jouir et y enseigner longtemps. Ils attendaient calmes et résignés, tout entiers à des devoirs qui pouvaient cesser demain et qu'ils remplissaient comme s'ils ne devaient pas bientôt finir

L'un d'eux, le philosophe mystique, le traducteur de Platon, le Père Grou, ne devait plus remonter dans la chaire qu'il occupait depuis deux années à peine. Il prenait, suivant les usages de la Compagnie, quelques jours d'un repos absolu, avant de se rendre dans sa famille : il venait de mettre la dernière main à l'exposé simple et lumineux qui précède la traduction des dix livres de la *République*. Né en 1731, dans un village voisin de Calais, le Père Grou avait prononcé ses derniers vœux à l'Université de Pont-à-Mousson, avec son ami et son contemporain le Père Beauregard (1). Il devait ce jour même prendre congé

---

(1) Le Père Beauregard était né à Metz le 4 décembre 1731. Sa famille, à l'époque de ses études, était venue s'établir à Pont-à-Mousson; sa sœur s'y était mariée.

de lui : les deux religieux allaient se quitter pour ne se revoir de longtemps. Venu pour visiter son vieux père et sa famille, pour saluer encore les lieux et les hommes qu'il avait tant aimés, le Père Beauregard avait hâte de retourner, dans la capitale de la France, à ses travaux et à son infatigable apostolat. Aussi ardent, aussi impétueux que le Père Grou était doux et timide, il préférait le commerce des hommes à celui des livres, la prédication à la contemplation, la polémique qui passionne à l'étude qui repose l'âme. Il se souciait peu de s'adresser aux esprits d'élite, comme on les nomme, et ne parlait si volontiers qu'aux auditoires populaires : son ascendant sur eux fut vraiment extraordinaire. On eut plus d'une fois l'occasion de le constater : dans les églises de Paris, où sa parole puissante remuait, bouleversait, convertissait; dans sa ville adoptive, où vingt ans plus tard il revint prêcher une station dont le souvenir s'est longtemps conservé. Mieux renseigné sur l'état des esprits qu'un grand nombre de savants, doué d'ailleurs d'une clairvoyance aussi rare que surprenante, on entendit parfois sortir de sa bouche des prédictions que l'avenir ne devait que trop réaliser et dont l'énergique précision frappa ses contemporains. On peut lire, dans tous les Cours de littérature, l'apostrophe éloquente que Laharpe a reproduite le premier et qui prophétise en quelques lignes les sacrilèges du culte de la Raison (1).

Tel est l'homme déjà célèbre, l'ami dévoué, que le Père Grou attendait vers la fin d'un beau jour de septembre (on était au 7 de ce mois), dans les vastes jardins de l'Université, non loin des bords de la Moselle, pour échanger avec lui ses sentiments, ses pensées, ses tristesses. Passionné pour l'étude et le travail solitaire, le Père Grou craignait autant la foule que le Père Beauregard l'aimait et la recherchait. Son influence, qui fut considérable et qui dure encore, s'exerça surtout par les livres ou dans un cercle restreint

---

(1) « Oui, vos temples, Seigneur, seront dépouillés et détruits, vos fêtes abolies, votre nom blasphémé, votre culte proscrit. Mais qu'entends-je, grand Dieu ! que vois-je ? Aux saints cantiques qui faisaient retentir les voûtes sacrées en votre honneur succèdent des chants lubriques et profanes ! Et toi, divinité infâme du paganisme, impudique Vénus, tu viens ici même prendre audacieusement la place du Dieu vivant, t'asseoir sur le trône du Saint des saints, et recevoir l'encens coupable de tes nouveaux adorateurs ! »

(2) M. Cousin n'a guère fait que reproduire, en la retouchant, la traduction du Père Grou (*République de Platon, Gorgias*, etc.), comme il le reconnaît lui-même à plusieurs reprises ; il est un de ceux qui en ont le mieux apprécié la valeur.

d'auditeurs. Il excellait à diriger les âmes que Dieu appelle à lui d'une façon particulière, et ses succès, sous ce rapport, furent aussi grands que soigneusement cachés. Tandis qu'il nous reste à peine du Père Beauregard deux volumes de sermons ou plutôt d'improvisations et d'analyses recueillies après sa mort, le Père Grou a laissé, outre ses traductions dont le mérite, chose rare, n'a jamais été contesté, un grand nombre d'ouvrages ascétiques et philosophiques d'une saine doctrine, d'une morale austère. Son style simple, précis, facile, est celui des écrivains du grand siècle. Il éclaire et il persuade plus qu'il n'entraîne, et néanmoins il a des pages d'une sévère éloquence.

Le Père Grou n'était point seul d'ailleurs à jouir de cette belle soirée : un autre religieux, dont le nom n'appartient pas à l'histoire des lettres, mais dont la vie n'en fut pas moins riche de travaux et de mérites, attendait en sa compagnie leur ami commun. Lorrain d'origine, le Père Bourgeois était né, lui aussi, en 1734. Il avait fait ses études avec le Père Beauregard : il enseignait alors la théologie et quelques parties des sciences à l'Université de Lorraine. Chose digne de remarque : il comptait au nombre de ses élèves le jeune Henri Grégoire dont la famille habitait non loin de la sienne, au village de Vého.

le futur Conventionnel avait alors quatorze ans. Doué d'un esprit plus vif que profond, prompt à concevoir, prompt à se décider, d'ailleurs plein de franchise et de bonté, le Père Bourgeois n'était guère moins attiré vers l'histoire que vers les sciences. Il les cultivait avec une égale ardeur, et en cette année même (1765), il avait obtenu qu'on élevât dans les jardins de l'Université un Observatoire qui existe encore, bien que sa destination soit changée.

C'est au pied de cette élégante et légère construction que les trois religieux s'étaient donné rendez-vous. Le Père Bourgeois et le Père Grou y furent les premiers, et, comme il était naturel, ils s'entretinrent des choses que le Père Beauregard avait dites, des nouvelles qu'il avait apportées de la capitale. On n'en pouvait plus douter : l'esprit du siècle et celui des lettres tournaient décidément à l'irréligion la moins déguisée, la plus agressive. L'impiété avait son fanatisme, ses accents de haine et de colère; elle avait ses chefs et ses soldats, son mot d'ordre et ses plans de campagne; elle propageait sous toutes les formes, ouvertes ou dissimulées, savantes ou séduisantes, ses négations et ses calomnies. Voltaire était plus que jamais comblé de gloire, entouré d'adorateurs. Le déisme vague et sentimental de Jean-Jacques Rousseau n'offrait guère moins de périls que la mordante ironie et la verve impitoyable du patriarche de Ferney. Si l'un savait mieux détruire, l'autre édifiait de redoutables abstractions : il serait encore dangereux quand son émule serait presque oublié. L'*Encyclopédie* accumulait, avec ses volumes, ses insinuations et ses objections perfides. La nouvelle, le roman, le théâtre s'attaquaient aux mœurs et aux traditions non moins qu'aux croyances. C'était de partout comme un gigantesque effort pour rompre avec le passé, pour se séparer de lui et l'anéantir.

— Et que fait le roi, que fait la noblesse en présence d'un tel déchaînement? Quelle digue opposent-ils à ce flot montant de haine et d'irréligion?

— Votre roi, — car le Père Bourgeois resta Lorrain jusqu'au dernier jour, — votre roi s'endort dans la mollesse et se livre à de honteux plaisirs. Il pense que tout cela durera bien autant que lui, et il s'inquiète fort peu de ses successeurs. Vos nobles, vos grands seigneurs sont les premiers à protéger l'impiété, à courtiser les écrivains qui la répandent. Leurs vices d'ailleurs égalent leur irréligion. Ils suivent fidèlement l'exemple de leur maître. Sans nous bien porter, nous sommes assurément moins malades que vous, et la corruption nous envahit plus lentement. Je n'ose penser au jour où mourra notre bon duc...

— Et le clergé français, où donc est-il ? que devient-il dans cette crise redoutable, lui si dévoué, si savant ?

— Vous vivez, cher professeur et parfait traducteur, avec les Athéniens, et ne savez plus ce qui se passe en France et autour de nous ; vous êtes en retard au moins d'un siècle. Avez-vous donc oublié sitôt ce que nous dit hier notre ami : le clergé s'isole, il vit dans la retraite et le silence. Quelques-uns de ses membres traduisent comme vous de beaux livres grecs et latins ; il en est qui s'élèvent comme notre Père Guénard (1) jusqu'au discours académique et ornent leur front, à l'exemple de Jean-Jacques, des couronnes que distribuent les savants de la province et de la capitale. Ils sont un peu de Dieu, un peu du monde, un peu du parti de l'Église, un peu du camp des philosophes. Ils font leur part et leur cour à toutes les puissances, au passé digne de tous les respects, au présent qu'il serait malséant de ne point louer, à l'avenir qu'il serait imprudent de ne pas ménager.

---

(1) Le Père Guénard, jésuite lorrain, auteur d'un éloquent discours sur la nature de l'esprit philosophique, couronné par l'Académie en 1755. Il avait pris pour épigraphe ces paroles célèbres : *Non plus sapere quam oportet*. Le Père Guénard, né en 1726, mourut en 1806.

— Ne plaisantez pas, mon Père, en un sujet aussi grave. Je sais des prêtres de cœur et de talent qui se préparent à confondre les séducteurs, à les réduire au silence. L'un d'eux, mon premier maître, celui qui me fortifia dans ma vocation et me fit venir ici pour couronner mes études, l'abbé Guénée (1), scrute avec soin les saintes lettres, l'histoire et les mœurs des Hébreux, les traditions et les langues des peuples de l'Orient. On n'imagine point, m'écrit-il, dans quelles erreurs Voltaire est tombé au sujet de la nation juive, et combien il a soutenu de paradoxes absurdes ou ridicules. A vrai dire, il ne sait pas le premier mot des questions qu'il traite avec tant d'assurance. Il n'a, dans ces matières difficiles, ni critique, ni érudition ; rien ne sera plus facile que de le confondre.

— Et pourtant on ne cessera pas de le croire. Il plaisante avec esprit des choses qu'il ne sait point : il aura les rieurs de son côté.

— Mon maître n'est pas, croyez-le bien, un

---

(1) L'abbé Guénée, dont il est ici question, né à Amiens en 1717, fit paraître en 1769 ses *Lettres de quelques juifs portugais, allemands et polonais,* si pleines de science, de verve et de bon sens que Voltaire lui-même fut réduit au silence.

savant sec et froid : il saura lutter, s'il le faut, de verve moqueuse, de plaisanterie fine et délicate, et battre l'ennemi avec ses propres armes. Vous me direz bientôt si j'ai trop promis de lui.

— Qu'il se hâte donc, car le temps presse et l'erreur fait des progrès qui m'épouvantent. Mais est-ce bien assez, dites-moi, d'un homme, d'un prêtre savant et zélé, pour soutenir de tels assauts ? N'est-ce point par centaines que nous devrions compter les défenseurs de la vérité ? Où les voit-on multiplier leurs efforts pour répondre aux attaques de leurs adversaires ? Nommez-moi, je vous prie, dans cette croisade qu'on attend mais toujours en vain, les chefs et les soldats de l'Église. Est-ce assez de quelques livres publiés par nos Pères, et plus souvent par des auteurs inconnus, où l'on découvre plus de zèle que de science, de quelques mandements où de pieux évêques exhalent leurs plaintes, et dépeignent avec éloquence des angoisses dont les philosophes ne font que rire et qui redoublent leur audace ? Devrions-nous, dans un péril aussi grand, nous contenter de ces douleurs sans action, de ces gémissements sans effet, de ces rares soldats qui combattent çà et là sans discipline et sans capitaines ? Croyez-moi, mon Père, il y a parmi vos évêques français trop de grands seigneurs, de trop haute naissance et de trop noble maison,

La cour ne fut jamais, nous le savons, une école de devoir et de courage apostolique.

— Obliez-vous que l'épiscopat français compte encore des hommes pieux et des saints?

— Des hommes pieux, mais irrésolus : des saints, mais comme l'Église n'en canonise point et comme le jansénisme nous les a gâtés, pleins de scrupules dans les petites choses, incapables des grandes, résolus à l'égard du seul Siège apostolique, timides ou prosternés dans tout le reste : des saints qui craignent, qui tremblent et ne savent plus aimer. Les vrais saints sont ceux qui sauvent l'âme de leurs frères, et je vois qu'on s'en occupe en général assez faiblement. Voyez ces bons prêtres du voisinage qui nous visitent de temps à autre. Ils ne sont pas jansénistes, et ils seraient marris qu'on eût d'eux cette fausse opinion ; mais s'ils n'ont pas l'erreur ils en ont toutes les suites. Ils me désolent par leurs scrupules et leur peu de confiance en la bonté de Dieu qui mourut pour nous. Ces âmes honnêtes mais timorées, accablées par la majesté des saints mystères, n'ont plus de ressort et d'élan. Comment pourraient-ils convier leurs paroissiens à se nourrir du pain de vie, du sacrement des forts, quand il leur inspire à eux-mêmes plus d'effroi que d'amour ! Je vous le répète, si l'erreur fait tant de ravages dans les âmes, si ses progrès sont à ce point désolants, ce n'est pas que nos adversaires soient bien forts, c'est que nous ne savons plus aimer.

— Il n'est que trop vrai, l'erreur janséniste a corrompu les sources de la pensée en desséchant celles de l'amour.

— Et préparé par suite aux écrivains irréligieux des succès trop faciles. Ils doivent à leurs précurseurs de belles actions de grâces, car ils ont fait au moins la moité de leur travail. Où l'amour chrétien languit et s'en va mourant, l'amour faux et corrompu ne tarde pas à prendre sa place jusqu'au jour où il domine sans partage et corrompt la pensée avec la volonté. De là ces scandales publics, ces déplorables exemples donnés par les premiers et les plus grands, ces hontes royales auxquelles je voudrais ne point croire. Jusqu'où iront de pareils déportements?

— Aussi loin que le mal peut aller ici-bas, mon Père, c'est-à-dire jusqu'aux derniers excès. Il n'en est pas, continua le Père Grou de plus en plus absorbé dans ses tristes pensées, dont l'amour ne soit capable, s'il est une fois détourné de sa fin. Il n'est point d'illusions dont il ne puisse repaître l'esprit, d'excès et de crimes auxquels il ne puisse entraîner la volonté. Rien n'est affreux, vous le savez, comme la corruption de ce qui est en soi meilleur et plus parfait. Plus le présent fut incomparable, plus le châtiment des ingrats dépasse tous les châtiments. C'est le don lui-même qui l'engendre, et du germe empoisonné mais toujours fécond sortent des fruits de mal et de mort. La pensée qui devait monter jusqu'à Dieu descend jusqu'au néant. Ni sa pointe, ni sa force ne sont émoussées, mais elle n'aiguise plus que le sophisme, elle ne perce plus que les défenseurs de la vérité. C'est un glaive qu'on tourne contre soi-même et contre les autres, dont on les frappe et dont on meurt. L'amour de son côté se prend aux trompeuses amorces, aux vaines images de la beauté qu'il a dédaignée, du bien dont il se détourne. D'attraits en attraits corrupteurs il descend jusqu'aux plus vulgaires et jusqu'aux plus avilissants. Plus de science, mais de vaines opinions; plus de noblesse et de dignité, mais toutes les hontes et toutes les dégradations. Pour finir, le mépris de Dieu, le dédain de sa loi, dernier pas qui sépare de sa justice et de l'abîme.

— Voilà, mon Père, un beau tableau et bien rassurant, tel que les philosophes en savent faire quand ils veulent que rien n'y manque. Je gagerais que vous avez pris celui-là dans Platon, du moins pour l'essentiel et les grandes lignes. Mais qu'il soit de Platon ou qu'il soit vôtre, permettez-moi d'y ajouter un trait. Sans viser au renom de savant, je m'occupe des sciences de la nature. Or, dans l'étude du corps humain, rien ne m'a frappé comme la sympathie que le cœur et le cerveau semblent éprouver l'un pour l'autre. L'un d'eux ne peut souffrir sans que son compagnon soit malade en même temps. Ensemble ils pâtissent, ensemble ils jouissent. Ils se renvoient tour à tour les impressions et les ébranlements, et du centre double et un ceux-ci se communiquent au corps tout entier. Ainsi dépendent-ils l'un de l'autre et tiennent-ils les autres organes dans leur dépendance. Cela se fait sans doute par le moyen des nerfs dont nous savons mal encore la nature et les fonctions, par ces minces filets qui relient, à travers mille détours, le cœur au cerveau, et à tous deux les membres et les diverses parties de cette machine si bien ordonnée.

N'est-ce point là, mon Père, comme une image des rapports que le philosophe découvre entre la pensée et l'amour, et de l'influence qu'ils exercent dans un concert merveilleux? Ne fallait-il point que le serviteur fût constitué à la ressemblance du maître, le corps à celle de l'âme qui le vivifie? Il leur est enjoint de vivre ensemble et de se pénétrer jusqu'au plus intime de leur substance. Si différente que soit celle-ci dans l'un et dans l'autre, l'arrangement des parties du corps et des pouvoirs de l'âme devait dès lors présenter des analogies sans nombre. Nous en savons quelques-unes : les savants en découvriront bien d'autres. Nous n'y serons plus pour les voir.

— Nous n'y serons que trop pour voir la ruine de la France, si son mal empire, comme tout le fait craindre, et si les deux sources de la vie continuent à verser dans son sein le poison et la mort. Car enfin quelle source de pensées plus féconde et plus pure que la vérité chrétienne, et les âmes qu'elle a nourries si longtemps trouveront-elles ailleurs des aliments pour la faim qu'elle entretenait et qu'elle apaisait tour à tour? Que des nations aient vécu, sans la connaître, des vérités que la raison découvre, je le comprends, et l'histoire en témoigne. Montre-t-elle un seul peuple qui l'ait abandonnée sans mourir? Elle a si bien et si avant creusé notre âme qu'elle seule peut la combler : elle seule peut satisfaire les désirs qu'elle allume. Au prix des pensées dont elle nourrit notre intelligence toutes les autres sont comme la cendre auprès du pur froment. La cendre se disperse, le froment seul donne le pain qui nourrit. Je mets au défi tous les philosophes et tous les savants de faire vivre par leurs théories et leurs découvertes un peuple qu'ils auraient détaché de l'Évangile. De crise en crise il doit aller jusqu'à la mort.

Par quel amour remplacer dans les âmes celui

du Dieu qui nous a aimés jusqu'à mourir pour nous, malgré nos mépris et nos crimes! Est-ce qu'il n'y aurait plus dans le monde ni misères à soulager, ni afflictions à consoler, ni désespérés à sauver? Si l'amour de Jésus-Christ y suffisait à peine par tant de vertus et de dévouements qu'il inspire, quel amour le suppléera? Tous peuvent-ils ici-bas aimer leurs richesses, leurs honneurs, leur brillante fortune, se complaire aux louanges des flatteurs de leur rang ou des courtisans de leur génie? Toutes ces joies sont-elles pour tous les hommes, et comblent-elles seulement ceux que la foule des déshérités proclame les heureux de la terre? Ne sont-ils pas souvent, dans le vide affreux de leur âme, les plus inquiets et les plus misérables? Où l'amour de Jésus-Christ purifiait et ennoblissait les autres amours, toutes les vertus étaient possibles et toutes les grandeurs. Vous avez réussi à le bannir de vos âmes, vous l'avez rejeté et conspué, vous grands de la terre, vous prétendus sages de la France; ah! laissez-le du moins aux petits et aux faibles, et tremblez qu'ils ne le perdent. Car, malheur à vous, si après avoir aimé toutes choses, et les moins dignes d'être aimées, si après avoir demandé le bonheur aux sciences, aux lettres, au pouvoir, à la guerre, si après vos luttes sans fin, vos triomphes et vos défaites, lassés de tout, impuissants, pour comble d'infortune, vous ne trouvez plus dans ce peuple épuisé par vos excès, dégoûté de vos folies, la moindre étincelle de cette flamme où s'allume et s'entretient la vie des nations; ah! vous êtes perdus, et avec vous ceux dont vous étiez les chefs, dont vous êtes devenus le fléau! Mais non, il ne saurait en être ainsi : et l'amour que l'orgueil des puissants a dédaigné, la reconnaissance des petits et des humbles le gardera comme un levain précieux qui fera tôt ou tard fermenter la masse entière!

— Voilà, mon Père, le langage d'un philosophe que Platon n'a pas dégoûté de l'Évangile.

— Platon n'est que l'aurore, l'Évangile est la lumière. Dieu me garde de préférer le vestibule au temple et l'Académie à l'Église. Et pourtant Platon (vous ne vous méprendrez point à mes paroles) avait l'âme plus chrétienne que la plupart de vos philosophes, et il aimait mieux sa patrie que pas un d'eux n'aime la France.

— Il y paraît à leurs livres et à leurs flatteries pour les souverains étrangers. Les louanges les plus outrées en échange des décorations et des pensions les plus généreuses! C'est un commerce bien naturel, très édifiant, et auquel je n'ai rien à reprendre, n'étant point Français. Toutefois, si j'avais l'honneur de l'être, je souscrirais sans peine aux éloges qu'on adresse à tant de peuples et de princes anglais, prussiens, moscovites. Je demanderais seulement qu'on épargnât les outrages à mon pays, les sarcasmes aux défenseurs de sa gloire et de ses intérêts. Je dissimulerais filialement ses hontes et ses défaites ; surtout je me garderais d'en rire avec ses ennemis. Je relèverais, au lieu de les flétrir, ses gloires les plus héroïques. Vous voulez que la Lorraine devienne française du fond du cœur, et vous insultez Jeanne d'Arc !

— Il n'importe, mon Père, vous serez Français, vous le serez bientôt, et vous serez heureux de le devenir. Vous oublierez tout, notre légèreté, nos défauts, nos vices. Vous combattrez côte à côte, et non pas pour la première fois, avec les soldats de la France, vous serez les émules de leur courage, les compagnons de leurs victoires...

— Ou la rançon de leurs défaites... c'est notre lot de souffrir pour vous et de payer de notre ruine votre gloire ou vos alliances. Je ne sais qui nous a plus maltraités, de Gustave Adolphe ou de Louis XIII, sans oublier ce que nous devons à votre Louis le Grand.

— Vous aimerez un roi....

— Qui n'aime que lui....

— Dont les glorieux aïeux....

— Et que m'importent ses aïeux, si lui-même

a perdu l'estime et l'affection de ses sujets, s'il n'est plus que *le bien-aimé de l'almanach*, comme disent vos chansonniers, s'il éteint peu à peu dans l'âme des Français l'amour de leur roi, c'est-à-dire le meilleur rempart de la royauté, la plus solide garantie du bonheur et de la paix des États!

Ainsi n'agissaient pas nos ducs. C'était entre eux et nous un pacte d'affection réciproque et inviolable. Nous nous donnions à eux comme ils se donnaient à nous, à la vie, à la mort. Absents ou présents, vainqueurs ou vaincus, nous ne songions qu'à les servir, comme ils ne songeaient qu'à nous rendre heureux. L'un d'eux, après vingt ans au moins d'exil et d'occupation étrangère, nous retrouva dévoués et fidèles, tout pleins de son souvenir et de sa gloire : nous n'avons tant aimé que les plus persécutés et les plus malheureux. On dit qu'en Autriche et sur le premier trône du monde ils n'ont pas mérité moins qu'ici l'amour de leurs nouveaux sujets. Qu'ils le gardent, et quoi qu'il advienne, je réponds du salut de leur couronne. *Omnia vincit amor :* l'amour triomphe de tous les obstacles. C'est un poëte qui parle ainsi, mon Père, et, à défaut de Platon, que je n'ai pas étudié comme vous, je pourrais citer encore le prince des orateurs et des philosophes latins. Je vous ferais injure de rappeler ce qu'il dit, au traité *des Devoirs*, de l'amour qui captive les âmes, affermit les dominations, enchaîne les volontés.

Pour moi je vous le dis en toute franchise : je n'ai nulle envie de partager la fortune d'un peuple qui n'aime plus rien des choses qu'il devrait chérir. Vos rois ont cessé de se dévouer au bonheur de leurs sujets ; ils ne les aiment plus et n'en sont plus aimés. Vos nobles n'aiment guère que les distinctions frivoles, les nouveautés téméraires, le jeu, le luxe, les plaisirs. Vos prétendus sages n'aiment plus Dieu et fort peu croient en lui. On dirait que votre clergé, la meilleure partie assurément de la nation et la plus saine, a peur d'aimer Dieu autant qu'il le mérite et l'exige. N'est-ce pas un de vos évêques qui s'écriait, il y a plus de quarante ans : « Le sel même de la « terre s'est affadi, les lampes du sanctuaire sont « éteintes. » Oseriez-vous dire que ce triste état soit amélioré ?...

Mais qu'aimez-vous donc et qu'allez-vous devenir, si vous n'aimez plus ni votre souverain, ni vos lois, ni vos magistrats, ni Dieu lui-même ? Par quelles folles passions, par quels amours inconstants et destructeurs allez-vous remplacer l'amour de Jésus-Christ, de son nom et de sa loi, car il faut que l'homme aime quelque chose ici-bas, et il lui serait aussi difficile de vivre sans respirer que sans aimer ? Pour moi je frémis à la pensée d'un tel désordre et des suites qu'il doit entraîner. Ma douleur serait trop poignante de voir se décomposer peu à peu, sous mes yeux, sans que j'y puisse rien, un royaume qui a perdu l'amour et la foi. Une nation chrétienne qui cesse de l'être et qui fait tout ce qu'il faut pour décroître et mourir..... mais c'est là un spectacle auquel je ne puis seulement songer sans épouvante. Plutôt que de le voir, j'irai jusqu'au bout du monde, aux lieux où prêcha notre grand Xavier, et où il mourut au sein de son triomphe. Là du moins le don de Dieu n'a pas été profané ; on y peut faire des chrétiens et préparer à Jésus-Christ de nouveaux empires, en échange de ceux qui le rejettent ou qu'il abandonne.

Le soleil, pendant ces discours, descendait lentement et s'approchait de l'horizon. Les deux religieux erraient sous les allées d'ormes et de marronniers les plus voisines de l'Observatoire. De vastes cours séparaient les uns des autres les bâtimens de l'Université, tous parallèles à la rivière. Près d'eux, sur un espace égal à celui qu'ils couvraient de leur masse imposante, s'étendait un vaste jardin ou plutôt un parc entrecoupé de cultures, de vergers, de promenades. Sa limite extrême était, au levant la nouvelle et gracieuse construction, au couchant les rives de la Moselle.

On distribuait alors libéralement l'air et le soleil à ceux qui se livrent à l'étude, et dont l'esprit épuisé par un pénible travail se délasse volontiers au spectacle d'une riante nature. Le Père Beauregard savait où trouver ses deux amis : il n'eut pas à chercher longtemps pour les découvrir non loin du lieu où ils s'étaient donné rendez-vous. On attendit à peine qu'il se fût excusé d'un retard involontaire pour le presser de questions, pour lui demander, sur l'état des esprits dans la capitale, sur le progrès des nouvelles doctrines, sur l'indifférence de la cour, la complicité des grands seigneurs, l'apathie du clergé, des renseignements plus complets : on avait besoin d'être mieux éclairé pour se former une idée exacte d'une situation sans précédents.

Le Père Beauregard n'épargna point les détails précis, convaincants : il dit les choses qu'il avait vues, les discours qu'il avait entendus, les discussions auxquelles il avait pris part. Il n'était point de ceux qui exagèrent le mal pour le plaisir de donner à leurs tableaux des couleurs plus sombres, pour exciter plus d'émotion ou plus d'étonnement. Le présent l'effrayait, l'avenir plus encore. Le mal n'en était pas au point où la crise est imminente, mais on s'occupait si peu de le guérir que celle-ci serait longue et terrible. La parole était aux seuls ennemis de la religion et de l'État : les autres laissaient faire ou se taisaient. L'action, la vie, l'éloquence se dépensaient au profit des opinions les plus téméraires : la vérité n'avait plus que des défenseurs timides, doutant d'eux-mêmes, vaincus d'avance.

Dans aucun temps, dans aucun pays on n'avait été si joyeusement à l'abîme ; on n'avait vu, avec autant de légèreté et de gaîté, ébranler les fondements sur lesquels repose toute société et, en particulier, la société chrétienne. Jamais, aux plus mauvais jours de la monarchie, la frivolité de l'esprit, la licence des mœurs, la fureur du plaisir n'en sont venus, chez les grands seigneurs, à de tels excès : l'impiété s'y joint qui les aide à tout pervertir. La réforme est dans les livres, le vice dans les mœurs, l'impuissance dans les magistrats et les lois. On n'entend parler que de la *nature*, et on en viole ouvertement les lois les plus saintes, de *sensibilité*, et les larmes qu'on accorde à des héros de théâtre ou de roman, à des peines imaginaires, à des chagrins coupables, on les refuse à la misère véritable et déchirante, on les refuse à son pays dont on considère d'un œil sec les revers et la décadence. On ne voit et on n'entend que des réformateurs de l'État dont le moindre souci est de réformer leurs mœurs, de modérer leurs déportements. Si quelques âmes bien douées ou garanties par un reste de foi échappent à la contagion, en revanche pour un peu de sincérité et d'honnêteté, pour un peu de dévouement généreux qu'on trouve çà et là, partout le vice s'étale, partout l'impudeur et le scandale, et c'est à peine si l'on se cache encore pour faire le mal dont l'exemple vient de si haut.

Et pourtant, quelque grande qu'elle fût, la passion des méchants, leur ardeur de détruire étonnaient moins l'éloquent religieux que l'indifférence et la tiédeur des chrétiens. On avait vu plus d'une fois déjà dans l'histoire le mal aussi audacieux, mais jamais, de la part des fidèles, un tel abandon de soi-même et de la vérité, un tel engourdissement des âmes et comme un sommeil voisin de la mort. Tout languissait, les bonnes études aussi bien que la foi. Les Universités se dépeuplaient ; les collèges, toujours nombreux grâce à de pieuses fondations, formaient plus de poètes médiocres et de littérateurs frivoles que d'esprits nourris d'un bon suc, solides et sensés. Plus le nombre des écrivains légers de science, licencieux et frondeurs croissait dans la capitale, plus diminuait dans les provinces celui des professeurs consciencieux et savants. Les vocations religieuses devenaient tous les jours plus rares et moins éprouvées. Dans les couvents jadis trop étroits pour un peuple de pieux solitaires, quelques religieux luttaient à grand'peine pour conserver l'ancienne discipline, pour résister au souffle énervant du monde, à l'esprit du siècle, aux dangers qui naissent des richesses.

Au Père Bourgeois qui réclamait contre les rigueurs d'une telle sentence, du moins en faveur de la Lorraine, l'impitoyable censeur opposa sur-le-champ des preuves sans réplique, et après lui avoir cité quelques noms propres et des faits trop connus :

Votre Université elle-même, si longtemps florissante, où en est-elle aujourd'hui? Que reste-t-il de sa vieille gloire, de ses maîtres fameux, de ses brillants succès? Où sont les deux mille élèves qu'elle formait à la piété, qu'elle nourrissait aux bonnes lettres, aux sciences divines et humaines, qu'elle envoyait en France, en Écosse, en Allemagne, et jusqu'aux extrémités du monde confondre l'erreur, répandre la vérité, engendrer des chrétiens? Où sont les Barclay, les Sirmond, les Maldonat, les Grégoire de Toulouse et tant d'autres qui enseignaient à la fois dans cette noble École aux jours de sa splendeur ? Êtes-vous capables, dites-moi, vous leurs successeurs, malgré votre zèle et votre science, d'opposer une barrière à l'irréligion comme ils en ont élevé une dans ces contrées, solide, infranchissable, à l'hérésie protestante? Où sont vos Charles-le-Grand, vos

Charles V émule de Sobieski; qui vous rendra un cardinal de Lorraine?

Et dans cette cité, ma patrie adoptive, où habitent maintenant tous les miens, qui n'a pas moins que Metz, ma ville natale, toute mon affection, croyez-vous que la foi soit encore, comme aux anciens jours, ardente et profonde? Comment le peuple aurait-il gardé fidèlement le trésor dont ses chefs et ses guides ne savent plus tout le prix? Voyez, vis-à-vis de nous, sur la rive gauche de la Moselle, l'antique monastère où vécut et mourut une sainte, femme et mère de rois, où s'éteignit dans le jeûne et les austérités une existence que les devoirs de la famille et du trône n'avaient pas usée tout entière. Quelques pauvres Clarisses jeûnent encore et se mortifient dans ces vastes cloîtres où la veuve de René II (1), du vainqueur de Charles-le-Téméraire, dirigeait par ses leçons, édifiait par ses exemples une communauté nombreuse. Les prières de ces saintes filles sont aujourd'hui moins puissantes que l'esprit du siècle : elles n'ont plus de novices, elles n'auront pas d'héritières.

Que dirait la mère de Chantal, l'amie dévouée de saint François de Sales, et quelle désolation

---

(1) Philippe de Gheldres, 1462-1547.

serait la sienne si elle retrouvait presque désert l'asile pieux qu'elle a ouvert dans cette ville au prix de tant de fatigues et de larmes ; où la chambre qu'elle habita six mois est entourée d'honneurs et de solitude, où le nombre des cellules abandonnées s'accroît tous les jours ? Et l'émule de saint Vincent de Paul, l'élève de Sirmond, notre saint et savant Fourrier, lui qui fut, dans cette grande École, tour à tour disciple et maître, que dirait-il s'il la retrouvait, à un siècle de distance, morne, silencieuse, dépeuplée? Quelle ne serait point sa douleur s'il lui fallait, dans cette cité qu'il a tant aimée, dans les monastères qu'il a fondés ou relevés, voir les fruits de sa glorieuse réforme compromis ou perdus? Non, non, croyez-le bien, et il m'est assez pénible de l'avouer, si la Lorraine n'a pas encore toute la violence du mal, elle a déjà toute la langueur qui le précède et en favorise les progrès.

Le Père Beauregard n'eut point de peine à convaincre ses amis, qu'un tel état des âmes, auquel rien ne pouvait être comparé dans l'histoire de l'Église et dans celle de la France, présageait quelque crise redoutable. L'ordre politique et social n'était pas moins menacé que l'ordre religieux, il aurait sa part de l'ébranlement; mais, à la différence de l'Église, il n'était pas assuré d'en sortir intact et sans blessure. A l'Église seule a été faite la promesse d'immortalité : aux empires de la terre, aux puissances d'ici-bas Dieu n'a promis que le prix de leurs œuvres. Il éclaire, il soutient, mais ne contraint point leur liberté. Leur sort est en leurs mains, et l'histoire a plus d'une voie pour conduire les peuples au terme que la sagesse éternelle assigne au développement de son Église et à la marche du genre humain.

Tout plein de Platon qu'il venait de traduire, et dont les grandes idées s'unissaient dans son âme aux inspirations du zèle et aux enseignements de la foi, le Père Grou se confirmait de plus en plus dans le jugement qu'il avait porté tout à l'heure. Comme la pensée chrétienne est, dans l'ordre des temps et le développement de l'esprit humain, le sommet de toute pensée, que sa fécondité merveilleuse a des ressources infinies pour les siècles à venir, et qu'elle n'a pas épuisé, tant s'en faut, sa sève inépuisable, rompre avec elle, s'en séparer et la rejeter lui semblait le comble de la démence et le principe des plus grands malheurs. Car que mettre à sa place, comme on l'essayait déjà, sinon le matérialisme brutal ou le doute énervant, l'athéisme et son désespoir, ou le déisme et son impuissance ?

Les conséquences ne seraient pas moins terribles de l'amour divin dédaigné, rejeté avec outrage, remplacé par l'amour de soi, par l'égoïsme dissimulé d'abord sous les noms les plus beaux et les apparences les plus séduisantes, s'étalant bientôt sans pudeur et sans crainte, tel qu'il est, dans sa hideuse nudité. Quelles flammes impures n'allaient pas s'allumer dans ces cœurs où l'on éteignait la seule flamme qui éclaire sans éblouir, qui vivifie et répare au lieu de consumer et d'anéantir? Que deviendrait la liberté humaine privée des lumières et des inspirations de l'Évangile? Jusqu'où descendrait, des sommets de la vérité, à travers les rêves des utopistes, les abstractions des philosophes, les chimères des réformateurs, cette nation que le christianisme a élevée si haut et que l'impiété menace de détruire? Mais aussi jusqu'où iront avec elle et à sa suite tant de peuples ses voisins, ses alliés, et même ses ennemis, sur lesquels s'exerce son influence tous les jours plus active, qu'elle domine par la beauté de sa langue et de ses chefs-d'œuvre, par le génie de ses philosophes, le talent de ses écrivains, trop souvent par l'art infini d'orner les plus petites choses, de donner au mensonge tous les dehors de la vérité, au vice le charme et les attraits de la vertu? Ce n'est pas le sort d'un peuple qui sera mis en question, ce sera celui de l'Europe entière, et ce qu'on veut bien nommer une réforme va devenir un bouleversement. Que le volcan dont les sourds murmures s'étendent et grandissent, entre un jour en éruption, et il couvrira les contrées voisines de cendres, de lave et de fumée. Peut-être même plus d'un cratère s'ouvrira près du sien pour livrer passage à l'impétueux courant des feux souterrains.

Si le Père Bourgeois aimait la Lorraine jusqu'à ne point vouloir devenir Français, de son côté le Père Grou aimait trop la France pour que le seul pressentiment de ses malheurs à venir ne remplît pas son âme d'une tristesse profonde. La pensée qu'après de longs déchirements elle pourrait cesser d'être, ou de tenir le premier rang, qu'une autre nation lui succéderait dans le devoir glorieux de combattre pour l'Église et de la protéger, cette pensée lui était insupportable.

— Hé quoi! dit-il à son ami, nous laissez-vous sans espoir, et les nations ne sont-elles plus guérissables? Sommes-nous condamnés sans retour pour les crimes de nos pères, en attendant ceux que l'abus des dons les plus précieux va faire commettre à ce peuple égaré? N'est-ce pas la foi du genre humain, celle des païens eux-mêmes, que l'expiation lave la souillure, efface la faute, et que les plus coupables cessent de l'être quand ils ont subi le châtiment de la justice? Peut-on peindre avec plus d'éloquence que n'a fait Platon le triste état de l'âme enlaidie par le vice, défigurée par le crime, la beauté reconquise de celle qui d'elle même a provoqué les rigueurs de la peine, ou qui du moins l'a subie sans se plaindre? Il y aurait dès ici-bas un remède à l'injustice pour les individus qui peuvent, jusque dans la mort, satisfaire la justice divine; et les nations qui finissent sans retour et tout entières n'auraient point, pour se relever de leurs chutes et réparer leurs fautes, le remède suprême de l'expiation volontaire!

— Qui les fera vouloir?

— Leurs chefs sans doute...

— Ceux qui profiteront de leurs excès et de leur égarement, les plus audacieux et les plus coupables. Mais en vérité vous n'y pensez point! Qui a jamais, sur la pente du mal et de la décadence, retenu tout un peuple qui court et se précipite? Les plus forts et les plus habiles en sont incapables. La religion seule y pourrait quelque chose. En auront-ils assez? en auront-ils encore?

— Mais du moins les prières des justes et leurs sacrifices volontaires...

— N'y suffiront pas, croyez-le bien. Songez que l'abîme appelle l'abîme, et qu'une fois la crise déclarée, l'enfer déchaîné, les excès succéderont aux excès, les crimes engendreront les crimes. Il faudra mieux que la prière des justes, mon

Père, et ce ne sera pas trop du sang des martyrs. L'homme coupable, n'est-ce pas votre Platon qui l'affirme, doit être puni dans son corps, dans son âme, dans ses sens, dans son esprit, dans tous les instruments de sa faute, dans tous les principes de sa funeste jouissance. La nation coupable devra-t-elle moins souffrir dans tous les éléments de son vice et de sa corruption ? La vertu divine de l'expiation ne doit-elle pas s'exercer sur tous ses membres pour la régénérer? Ne faut-il pas que tour à tour ou tous à la fois ils passent par le feu vengeur de la douleur et du châtiment?

— Vous m'effrayez, mon Père, car enfin les plus purs ont péché !

— Les plus purs paieront pour eux-mêmes et pour de moins dignes, pour les fautes qu'ils ont commises et pour celles de leurs frères. Vos anciens, vos païens savaient le prix des victimes sans tache, et dix-huit siècles après la mort ignominieuse du Juste par excellence, nous nous plaindrions de souffrir, et nous hésiterions à mourir; et nous ne souhaiterions pas, nous prêtres de l'Agneau sans tache, d'être sans faute à ses yeux pour devenir un holocauste acceptable et salutaire à son peuple!

Oui, si mes pressentiments ne me trompent, si mes espérances se réalisent, — car pourquoi feindre ici, et ne point dire toute ma pensée? — ou nos successeurs, ou nous-mêmes nous passerons par les épreuves sanglantes et réparatrices. Il y aura de nouveau, après tant de siècles, pour l'Église des Gaules et pour d'autres Églises, pour ses évêques et pour ses prêtres, des prisons, des exils, des bourreaux, des meurtriers. Il faut que la tige soit arrosée d'un sang pur, pour qu'elle se couvre encore de fleurs et que ses fruits redeviennent sains et savoureux. Voyez : elle se flétrit, elle menace de se dessécher, elle périra si Dieu ne fait un prodige. Celui que j'attends ce n'est rien moins que le bouleversement des âmes et des royaumes, que la guérison des unes et la transformation des autres par de redoutables épreuves, dont Celui qui les impose connaît seul la nature et la durée. Il faut à l'Église, jusque sur le siège de Pierre, des confesseurs et des saints; elle en aura. S'il le fallait, elle aurait des martyrs : Dieu veuille épargner à l'univers chrétien ce crime et cette honte ! O siècle fortuné qui verra l'Église rentrer dans les catacombes pour en sortir victorieuse de la mort, qui verra les papes sur toutes les routes de l'exil, et qui entendra l'*hosannah* de leur retour triomphant dans Jérusalem heureuse d'acclamer son père et son roi! O siècle que je ne verrai point, que je saluerai tout au plus comme Moïse des sommets glacés de l'exil, siècle dont la pensée soutiendra mon courage et ma parole d'apôtre, dont l'espoir consolera mon cœur abreuvé d'amertume, heureux ceux qui du moins verront ton aurore; mille fois heureux ceux qui contempleront ta fin plus belle que le soir des plus beaux jours !

— Si du moins la France, ma noble patrie, pouvait souffrir avec l'Église et près d'elle, peut-être aurait-elle sa part du triomphe après avoir eu sa part de l'épreuve. Ne le pensez-vous pas ainsi, mon Père?

— Assurément, répliqua le Père Beauregard, rien ne lui serait plus utile. Ensemble à l'humiliation, elles seraient ensemble à la gloire : le même jour les verrait sortir du même tombeau. Mais que de jours néfastes précéderont celui-là ! Que de dates lugubres, que d'heures pleines de trouble et d'angoisses, jusqu'à l'heure où de la tête aux extrémités la sève renouvelée, le sang rajeuni circuleront enfin abondants et rapides ! Doutez-vous que les plus coupables soient frappés les premiers, que la royauté...

— Puisse trouver en France son Cromwell et son Charles Ier, interrompit le Père Bourgeois plus touché de ce souvenir historique que sensible aux malheurs de la royauté française : je n'y vois pour ma part rien d'impossible. Plus votre peuple aura montré de patience, plus je crains qu'une fois déchaîné il n'étonne le monde par l'excès de sa colère et de sa passion. Songez-y donc : plus d'un demi-siècle de scandales publics, de guerres ruineuses, d'impôts écrasants, de misère croissante, un règne tout entier et qui n'est point terminé, dont je ne saurais dire s'il accumule plus de hontes au dedans que de revers au dehors ! Les Stuarts étaient moins coupables que vos rois.

— Si la mort ou l'exil d'un seul ne suffit pas, le bras de Dieu est-il donc raccourci ? N'a-t-il point, pour les races royales qui refusent de se repentir, un châtiment, le plus terrible de tous, et, dans les trésors de sa colère, un glaive...?

— Dont il frappe les aînés des rois, je le sais.

— Et ils tombent sur les marches du trône, et leurs pères languissent dans une morne vieillesse, et ils errent silencieux dans leurs palais déserts, où ils reprennent la route de l'exil, et le monde n'est plein que des tombeaux des rois dormant loin de leurs ancêtres, sur la terre étrangère. — Misérables flatteurs, courtisans du vice et de l'orgueil, voilà l'effet de vos mensonges et de vos artifices ! Voilà dans quels abîmes disparaîtront ceux qui prêtaient une attention complaisante à vos discours empoisonnés. Mais vous les suivrez dans leur chute, vous tomberez après eux, et les nations qu'étonnaient votre impiété et votre orgueil s'étonneront bien plus encore de votre abaissement et de vos châtiments. Nobles du royaume de France qui jouez avec le feu, flatteurs des rois, courtisans des philosophes, vous qui raillez l'Église et plaisantez agréablement de ses ministres et de ses mystères, vos descendants, s'il en reste, seront trop heureux de revenir à la foi que vous dédaignez, pour se consoler de leurs longues infortunes, de leur grandeur abolie, de leur splendeur éteinte à jamais.

Et après vous viendront, dans leur ordre, à leur rang, tous les coupables, ceux qui le sont aujourd'hui, et ceux que l'exemple venu d'en haut doit faire à leur tour orgueilleux et impies. Le châtiment descendra comme la contagion : il ne s'arrêtera qu'aux derniers rangs. Tous souffriront, dans leur âme, dans leur corps, dans les biens fragiles qu'ils aimaient sans mesure, dans leurs titres qui s'en iront en fumée, dans leurs richesses dont ils seront dépouillés, dans leurs honneurs et leur crédit dont il ne restera qu'un amer souvenir.

Quand les grands ordres de l'État auront été flagellés et abattus, quand ils auront été, comme membres premiers et principaux de ce corps malade, régénérés par la douleur, alors seulement la nation tout entière, si elle n'a point profité d'un tel exemple, si, revenant à Dieu et à la foi de Jésus-Christ, elle n'a point fait pénitence, la nation à son tour souffrira comme nation dans ce qu'elle a de plus cher et qui lui tient le plus à cœur. Que si par malheur Dieu lui épargnait cette suprême épreuve, lui refusait cette dernière marque de sa bonté, j'ose à peine dire ce que je pense...., c'est qu'il l'aurait abandonnée. Mais pour le peuple qu'il aime encore, comme remède à son orgueil, à son vain désir de gloire, à son oubli de Dieu et de sa loi, il garde, dans les trésors de sa justice, non plus le glaive dont il frappe les aînés des rois, mais quelque chose de plus effrayant, un fléau que le monde occidental a vu déjà plus d'une fois, sous lequel Rome a succombé....

— Quoi! les barbares, les hommes du Nord...!

— Ce n'est pas moi qui les ai nommés, mon Père, et Platon non plus ne vous en a rien appris. Aussi bien l'expiation dont il traite ne s'applique qu'aux particuliers, il ne savait rien et n'a rien dit de celle que Dieu impose aux nations, quand il veut les guérir et changer la face du monde.

Oui! les hommes du Nord! Et n'est-ce pas ici même une de leurs grandes routes, la plus suivie par eux et la plus facile ? Voyez, dit-il, voyez ce pont dont les Romains ont jeté les premières assises, — les trois religieux, tout en conversant s'étaient rapprochés du fleuve, — quelle voie plus commode que celle-ci, et n'est-ce pas au pied de ce vieux castel féodal, héritier d'une station romaine, qu'aboutissent, en contournant la colline, et juste à l'entrée de ce pont, toutes les routes du Nord et de l'Allemagne ? On n'a rien à craindre en ces lieux du canon de Metz et du feu de ses redoutables remparts.

Regardez autour de vous, ajouta le Père Beauregard, avec un sourire plein d'amère tristesse, contemplez ces vastes bâtiments de notre Université lorraine, ces monastères dépeuplés et leurs vastes jardins. Ne dirait-on pas des lieux préparés tout exprès pour leurs tentes, leurs blessés et leurs convois (1)?.....

Oui, les hommes du Nord, les barbares devenus moins barbares que nous !..... Croyez-vous

---

(1) C'est sur ce pont que passa à trois reprises le grand flot de l'invasion en 1814, 1815 et 1870. La ville fut également, à ces trois dates, remplie d'ambulances, de blessés, de malades. Après les grandes batailles sous Metz, le seul petit séminaire, ancien et magnifique couvent des Prémontrés, reçut dans ses vastes salles et dans sa chapelle, dans l'espace de trois mois, trente mille malades ou blessés.

Le quartier général allemand fut établi à Pont-à-Mousson du 15 au 23 août 1870.

qu'il n'en reste pas assez pour punir l'orgueil d'un peuple amoureux de lui-même? Le jour où l'humiliation de défaites sans nombre sinon sans gloire en viendra aux prises avec sa téméraire confiance et sa folle présomption, si alors son orgueil fléchit, si sa vanité se dissipe, s'il revient à Dieu, ah! ce jour sera le dernier de l'expiation, et le premier d'un avenir plus beau que ses espérances.

Derrière la grande salle des Actes, à quelques pas de la Moselle, sur la terrasse qui domine son cours, se trouvait une épaisse charmille, retraite agréable où les professeurs aimaient à venir méditer et prier. Les trois amis y avaient pénétré et s'étaient assis sur des sièges rustiques. Le bosquet ouvert seulement à l'ouest leur laissait voir, avec les eaux limpides de la Moselle, les vastes jardins qui entourent les maisons et les monastères de la rive opposée, plus loin, les collines couvertes de vignes, couronnées de forêts. Partout, sur le fleuve et dans la cité, le silence et un calme profond, comme il arrive souvent à la fin d'un beau jour d'été.

Des dernières paroles de son ami le Père Grou n'avait accepté que les consolations et les espérances. Son courage, au lieu de faiblir sous le poids des sombres prévisions, s'élevait et grandissait, et avec lui ses sentiments et ses pensées.

Pourquoi Dieu perdrait-il à jamais la France, par laquelle il a fait de si grandes choses ; et quel peuple est encore, malgré son mal qu'on peut guérir et sa décadence qu'on peut arrêter, mieux préparé par son génie, son caractère et la place qu'il occupe sur la carte du monde, à servir ses desseins et son Église ? Qui sait même si ces expiations devenues nécessaires, si ces infortunes méritées ne sont pas, dans les conseils de Dieu, une partie de sa mission, un ornement de sa couronne, et, devant la postérité, le fondement de sa gloire véritable ! Par quelles autres voies que celles de la souffrance et des larmes l'humanité s'avance-t-elle depuis sa naissance, et chacune de ses conquêtes n'est-elle pas au prix d'une douleur et d'un sacrifice ? N'est-ce pas chaque jour et en chacun de nous la peine du travail qui procure au corps son aliment éphémère, à l'âme sa nourriture immortelle ? La salutaire expiation d'un Dieu qui voulut, victime innocente, mourir pour l'humanité coupable, n'a-t-elle point, divisant l histoire du monde en deux parties, séparé les ombres de la lumière, les figures des réalités, les vertus humaines des vertus chrétiennes, le pressentiment de la vérité de la connaissance de la vérité ? Pourquoi cette crise dont on nous menace, cette expiation qui s'approche, ne seraient-elles pas dans l'histoire des nations chrétiennes, si Dieu le veut ainsi et si la liberté de l'homme y concourt, la crise d'un progrès nouveau dans la pensée et l'amour par l'épreuve de la douleur ? Dieu n'a-t-il point, dans les trésors de sa sagesse, des vérités toujours anciennes et toujours nouvelles qu'il tient en réserve pour refaire, à l'aide de leurs sucs nourriciers, ces âmes épuisées par des aliments sans vertu ? Bienheureuses les générations qu'il visitera après les jours de deuil et de ténèbres, pour leur manifester, avec plus d'abondance et de suavité, les secrets de son amour infini et la profondeur de ses ineffables mystères. Oui, assurément, plus terrible sera la crise, plus elle aura de violence et de durée, plus les nations chrétiennes dont la France est toujours, malgré son égarement, la première et la plus aimée, auront fait un pas décisif vers la vérité par le progrès de la pensée, vers le bonheur par le progrès de l'amour.

Le Père Grou en était là de ses réflexions ou de ses rêves, dont il ne témoignait rien à ses amis absorbés dans leurs propres pensées, quand, après les premiers tintements de l'*Angelus* du soir, comme c'est l'usage en Lorraine, l'air fut ébranlé et les rives de la Moselle retentirent du son joyeux des cloches annonçant à toute volée la fête du lendemain. Les trois paroisses de la ville donnèrent le signal : le bourdon de l'Université leur répondit bientôt des tours élevées qui dominent sa magnifique chapelle. A deux pas du lieu où les trois amis priaient alors d'un même cœur, le riche monastère des Prémontrés joignait son carillon vif et pressé aux sons graves et lents de son voisin plus solennel. De temps à autre un son doux et argentin, parti de la colline la plus proche où les capucins avaient un couvent, venait, porté par le vent ou par la Moselle, unir sa faible voix à celles des églises et des asiles pieux qui peuplaient encore, à cette époque, la ville savante et sainte de la Lorraine. Ce religieux concert dont le fleuve et les collines portaient au loin les accords et la bonne nouvelle, ce concert qui avait plus d'une fois charmé son enfance, mais auquel il n'était plus habitué, avait ému le Père Beauregard au point de lui arracher des larmes, et après une ardente prière :

Douces harmonies, s'écria-t-il, qui me rappelez de si chers souvenirs et des jours moins troublés, pourquoi n'avez-vous plus comme autrefois le don de calmer mes sens et mon cœur ? Ai-je donc, jeune encore, trop vécu, trop appris, trop bien connu les hommes de mon temps, pour me confier en leurs mérites et pour espérer de l'avenir ? Ah ! sonnez, sonnez bien fort, messagères de la vérité, élevez et renforcez vos voix, car ce peuple est sourd à vos accents. Il n'entend plus les choses que vous lui annoncez, et vous auriez plutôt éveillé les générations endormies dans la mort ou celles qui sommeillent encore aux portes de la vie, que dans son âme la foi des anciens jours, l'espérance et la charité des siècles chrétiens !

Ah ! puissent les bords de la Moselle ne retentir jamais de sons plus effrayants ! Puissent ses rives fleuries n'être point foulées par des hordes barbares, ni ses eaux limpides troublées par la fange et le sang des batailles ! Et toi, Metz, ma ville natale, ah ! si jamais tu perdais ta couronne de vierge ; si, victime expiatoire et pour un temps !..... Mais où s'égarent mes pensées !.... Ah ! bien plutôt, mes Pères, songeons à nous, à nos devoirs, au salut de nos frères et à celui de nos âmes. Ne pensons qu'à remplir, loin du trouble qu'engendrent les désirs et les vains espoirs de la terre, notre mission de prêtres et d'apôtres. Apôtres ! il faut que nous le soyons aujourd'hui, demain, jusqu'à notre dernière heure ; apôtres pour sauver ce peuple, si Dieu veut lui épargner l'expiation qui s'approche, apôtres pour le guérir, le relever et le rendre à la vie : car il ne faut point qu'il meure, et Dieu ne le souffrira point.

Les trois religieux se levèrent alors, et par le quai plus étroit qui sépare le vieux collége de la Moselle, ils parvinrent, en traversant un agréable jardin, à la grande chapelle de l'Université devenue, dès la fin du siècle dernier, l'église paroissiale de Saint-Martin. Un reste de jour faible et douteux éclairait encore la vaste nef, les bas-côtés, les chapelles latérales, le chœur enfin dont les riches décorations et les marbres brillants contrastaient avec le style sévère et simple du reste de l'édifice. Après s'être prosternés et avoir prié en silence, ils revirent ensemble, à droite, en avant du chœur, la chapelle où sont vénérées les reliques précieuses des saints et des martyrs de la Compagnie, à gauche, faisant face à la première, la chapelle dédiée à saint François-Xavier, où, dans un tableau qui subsiste encore et qu'on dit l'œuvre d'un maître, le grand apôtre est représenté donnant le baptême à une princesse indienne. Dieu seul entendit les gémissements et les prières des trois religieux ; seul il recueillit, à cette heure solennelle, le secret de leurs héroïques résolutions : l'histoire de leur vie fait voir qu'il les exauça.

Stanislas, roi de Pologne, dernier duc de Lorraine, mourut quelques mois plus tard, en janvier 1766, des suites d'un cruel accident. Dès la même année, au plus tard en mars 1767, le Père Bourgeois s'embarquait à Lorient pour les missions de la Chine. Les lettres qu'il écrivit à quelques amis, celles qu'on a publiées sous son nom dans le *Recueil des lettres édifiantes*, font voir qu'il occupa de bonne heure un rang considérable à la cour de Pékin et qu'il y jouit d'un grand crédit. Son heureux caractère, ses connaissances en astronomie lui avaient valu et lui conservèrent jusqu'à sa mort une faveur particulière. Il en profita pour aider de tout son pouvoir à la propagation de l'Évangile. Il mourut au commencement de ce siècle, apôtre jusqu'à sa dernière heure, prêchant Jésus-Christ dans le palais du Fils du Ciel comme dans le réduit des plus humbles chrétiens. Sa mémoire fut longtemps en vénération à la cour et dans la capitale du Céleste Empire.

Discrète et silencieuse s'écoula jusqu'au dernier jour la vie du Père Grou; elle n'en fut pas moins féconde en travaux, riche en œuvres et en mérites. Dans les Pays-Bas et dans la capitale de la France, il ne cessa de diriger les âmes les plus belles, les plus favorisées des dons de la grâce, appelées à la plus haute perfection. Les lumières qu'il retirait pour lui-même d'un apostolat si fécond, l'aidèrent à mieux comprendre les rapports de la philosophie et de l'Évangile, à pénétrer fort avant dans les profondeurs de la science divine. La moindre partie de ses œuvres a été publiée; quelques ouvrages écrits en anglais n'ont pas encore été traduits. C'est en Angleterre qu'il mourut, au mois de décembre 1804, sous le toit hospitalier de Lulworth-Castle, où il édifiait catholiques et protestants par le spectacle de sa résignation et de sa douceur durant de longues et cruelles souffrances. Un roi de France, exilé pour la troisième fois, trouva près du tombeau de l'humble religieux un premier asile et de précieuses consolations. Charles X passa les trois derniers mois de l'année 1830 dans la demeure où vivait encore le souvenir du saint prêtre français.

Quant au Père Beauregard, pas un jour de sa vie ne s'écoula sans que, dans la chaire chrétienne, il évangélisât les pauvres et les humbles, ou qu'il fit entendre aux riches et aux puissants de salutaires vérités. Sa robuste santé suffisait à l'infatigable apostolat qu'il ne cessa d'exercer à la ville, à la campagne, dans les plus célèbres églises de Paris et dans les villages les plus reculés de la province. Il suivit les émigrés en Angleterre, mais la liberté évangélique avec laquelle il censurait leurs vices et leur désolante légèreté ne pouvait leur plaire; il dut bientôt repasser sur le continent. Il y trouva les mêmes erreurs à dissiper, les mêmes désordres à combattre, mais aussi de généreux et puissants protecteurs (1).

---

(1) En particulier la princesse Sophie de Hohenlohe.

Apôtre, lui aussi, jusqu'au dernier jour, il ne cessa de prêcher que pour mourir non loin de Cologne, dans un petit village de la province rhénane. Sa fin précéda de quelques mois seulement celle de son ami.

LE TEMPS ET L'UNITÉ DE TEMPS,

L'ESPACE ET LA MATIÈRE.

PRÉFACE.

Le lecteur intelligent voudra bien, en parcourant ces deux dialogues, songer à l'âge encore tendre des deux principaux interlocuteurs, et il leur pardonnera de n'avoir pas épuisé le sujet qu'ils avaient à peine le droit de traiter. Il n'oubliera pas toutefois que leur esprit naturellement bien doué avait reçu des Lettres, des Sciences et de l'incomparable Métaphysique chrétienne une préparation que plusieurs estimeront suffisante. A l'âge qu'avaient alors Duroc et de Serre on se préoccupe encore du sens des mots dont on n'a pas abusé ; ils ont, pour l'esprit curieux de tout savoir, une nouveauté et comme une fraîcheur qui se flétrit dans la suite : on en veut pénétrer le sens quand il est tant soit peu caché, on a soif de clarté et de précision. Plus tard on devient moins difficile, on s'inquiète moins aisément. On est si bien habitué aux termes qui d'abord avaient le plus étonné qu'on ne songe guère à leur demander ce qu'ils sont et ce qu'ils valent ; on en agit avec eux le plus familièrement du monde, et on croit les comprendre aussi facilement qu'on les emploie. Plus on avance dans la vie, moins on aime d'ailleurs à revenir sur les questions qui sont le plaisir et le tourment du jeune âge. Ce n'est pas qu'on ait recueilli, chemin faisant, beaucoup de réponses, ni qu'on en soit très satisfait, mais on a bien d'autres soins : il faut songer à soi et aux siens, à ses honneurs, à sa fortune, à ses plaisirs. Qui s'occupe alors de l'espace et du temps, de la matière et de l'esprit? On en use tant bien qu'on peut, mais on se soucie modérément de savoir au juste quelle est la trame de cette étoffe dont la vie est faite. Elle durera pour sûr autant que nous : c'est tout ce qui importe.

Les enfants, ceux surtout que la nature a favorisés de ses dons, sont plus curieux, plus empressés de soulever ces questions embarrassantes, et comme ils n'ont pas à leur disposition, pour y répondre, la métaphysique des livres, ils s'en font une à eux, toute d'occasion et d'invention, quêtant de çà et de là, interrogeant les mots qu'ils croient bien connaître et leur semblent voisins ou parents de ceux qu'ils essaient d'expliquer, invoquant les poètes dont l'autorité est décisive à cet âge, citant les vers qu'un peu plus de grâce ou d'harmonie a gravés dans leur mémoire, s'aidant, à défaut d'expérience, de toutes les ressources d'un esprit bien fait, sans oublier ces clartés intérieures que n'obscurcit encore aucun nuage d'égoïsme ou de passion. Cette métaphysique assurément ne vaut pas l'autre, elle a toutefois l'avantage de n'être pas fixée à tout jamais dans ses moindres détails, de comporter des perfectionnements indéfinis, et surtout de n'employer que les expressions du commun langage.

On s'étonnera d'autant moins de voir ces mots mystérieux : espace, temps, matière, analysés par de tout jeunes gens, qu'on voudra bien remonter jusqu'à leur première origine. Sont-ils l'œuvre des métaphysiciens de profession? Personne n'oserait l'affirmer. Les philosophes, les savants ont-ils apporté à leur formation le concours de leurs lumières et de leur expérience? Jamais ils ne l'ont soutenu. Qui donc les a faits? Tout le monde, et c'est pour cela qu'ils sont si bien faits. Mais comme, en les faisant, cette conscience de tous au sein de laquelle ils ont germé n'avait pas la pleine intelligence de son œuvre, comme elle entrevoit plus de choses qu'elle n'en connaît, et que sa faculté de contenir dépasse de beaucoup son pouvoir d'entendre, il s'ensuit qu'un reste d'obscurité (ce n'est pas trop dire) s'attache à ces termes d'un si constant usage. Ils ont, dans la vie ordinaire, pour tous ceux qui les emploient, un sens identique, mais ce sens superficiel est loin d'épuiser tout ce qu'ils sont. Plus on s'élève dans l'échelle des mots comme dans celle des êtres, plus leur généralité s'accuse, et plus aussi s'étend cette partie obscure qui d'ailleurs ne manque à aucun d'eux, même à celui qui désignerait l'objet le plus déterminé, le plus étroitement circonscrit. Toute existence communiquée, à plus forte raison le terme qui la manifeste, plonge par quelque racine plus ou moins profonde jusqu'à la source de l'être. Tout mot porte avec lui la trace de son rapport avec l'Être infini, tout mot donc est mystérieux par ce point bien connu de ceux qui réfléchissent. Mais ce mystère, qui devient pour l'athée obscurité complète et nuit profonde, n'est pas sans lumière pour celui qui croit en Dieu. Est-il bien sûr même que des deux faces sous lesquelles chaque mot peut être envisagé, la plus obscure soit celle qui est dirigée vers l'Être infini, et que si notre regard devenait plus fort il ne se détournerait pas, pour la contempler, du pâle reflet que l'autre lui présente, mais qui, dans l'état actuel de notre intelligence, captive seul son attention? Plus pur que celui des hommes, moins troublé de visions, l'œil des enfants est plus en état que le nôtre de pénétrer dans le sens divin des mots. Ni l'art, ni l'expérience, quels que soient leurs bienfaits, ne remplacent cette simplicité d'un regard que n'a pas encore altéré le faux éclat des biens sensibles. Elle n'a pas manqué aux plus beaux génies, aux plus sympathiques écrivains ; ils lui ont dû, avec une pénétration plus rapide, je ne sais quel charme qui rappelle celui de l'enfance sincère et pure.

Faut-il compter pour rien dans l'analyse des mots qu'aucun parti pris n'a dictés, qu'interprète une conscience où la lumière naturelle agit encore tout entière, le privilége de n'être pas accablé sous le fardeau d'une science aussi vaste que vaine, sous la multitude des opinions d'autrui, des idées reçues ou préconçues? S'il est bon de beaucoup savoir, il ne l'est pas moins, à certaines heures, de ne point posséder ce qu'un ancien nommait une science inutile et difficile. Les systèmes les plus vastes, les mieux ordonnés ont été, sans exception, à leur origine, des germes comme l'intelligence d'un adolescent est capable d'en concevoir. L'étude est loin de les développer tous, elle en étouffe autant qu'elle en fait grandir. La tête d'un enfant est souvent plus riche que celle d'un érudit en idées originales : l'un voit le monde comme il s'offre à lui, l'autre comme on l'a dépeint de mille manières et en mille tableaux. Aucune harmonie comme aucune contradiction n'échappe au premier, le second assez indifférent à celles qu'on découvre dans la nature n'ignore, en revanche, aucune de celles que signalent et contiennent les livres. Il n'y a plus ni air, ni espace dans cette mémoire si bien remplie : les plus beaux germes y sont étouffés dès leur naissance.

A ces privilèges de l'enfance dans tous les pays, joignons, pour nos jeunes philosophes, celui d'une langue rebelle de tout temps à l'équivoque, à l'obscurité, aux innovations téméraires. Grâce à Dieu et au génie de notre race, la langue philosophique est encore, à peu d'exceptions près, en France, la langue de tout le monde, et il ne faut pas, pour la comprendre et la parler, le secours d'autant de dictionnaires qu'il y a, dans la nation, de têtes pensantes ou croyant penser. Nos pères ont si bien mis toute leur âme, toute leur finesse, tout leur jugement dans les mots consacrés d'ailleurs par un long usage, que jamais philosophe, si grand que fût son génie, n'en a su trouver de plus clairs et de plus expressifs. Essayez chez le peuple qui répète depuis des siècles : *Fais ce que dois, advienne que pourra*, essayez de remplacer ce mot si respecté et si bien compris, *le Devoir*, par un autre soi-disant plus complet; empruntez, pour le mieux forger, aux deux langues classiques, les deux éléments de ce composé merveilleux, et vous verrez si l'*Impératif catégorique* dépassera, même à titre de simple curiosité, le cercle étroit de quelques érudits de profession. Les termes nouveaux et bizarres qu'on a tenté d'introduire depuis peu d'années dans la langue philosophique ont rencontré, pour la plupart, un accueil assez froid. Leur fortune languit comme leur sens trop vague, trop peu déterminé pour la nature et les habitudes de l'esprit français. Or cet esprit n'a point changé : comme au dix-septième siècle, il vit de lumière pénétrante et pure ; il en use pour lui-même, il en fait part aux autres. N'est-ce pas lui qui, dans ce siècle même et sans remonter plus haut, a scruté toutes les profondeurs et révélé jusqu'au dernier les secrets si bien gardés d'Aristote (1)? N'est-ce pas lui qui, à partir de cet illustre et heureux exemple, a parcouru tous les âges, toutes les écoles, exposant, restaurant, ordonnant, mettant une seule et même langue toujours simple et toujours claire au service des doctrines les plus diverses, des esprits les plus opposés, sans que ni profondeur de pensée, ni délicatesse d'analyse, ni puissance d'invention aient surpris sa richesse en défaut ou mis ses traditions en péril?

Tandis que la pensée des philosophes français contemporains s'emparait ainsi de la pensée de tous les siècles, pour en faire lire au monde reconnaissant l'histoire exacte et instructive, des observateurs, des expérimentateurs admirablement doués scrutaient et sondaient à toutes les profondeurs, à toutes les distances, l'univers matériel, en attendant que vînt l'heure d'interpréter en philosophes,

---

(1) *Essai sur la Métaphysique d'Aristote*, par M. Félix RAVAISSON, 2 vol. 1837-1846.

c'est-à-dire sans idées préconçues, en toute sincérité et liberté d'esprit, leurs précieuses découvertes. Plusieurs même l'ont devancée, bien qu'ils affirment le contraire, et ils commencent à philosopher dans une langue simple et forte qui ne le cède guère à celle de nos grands métaphysiciens. Je conçois qu'après avoir dit tant de mal des philosophes, ces rêveurs incorrigibles, il leur en coûte d'être surpris en flagrant délit de haute philosophie. Pour un grand nombre d'entre eux, en effet, et à s'en tenir aux seuls discours, toute métaphysique est abus, vanité, puérilité, tout au plus poésie d'ordre moyen et d'inspiration douteuse. Si la métaphysique des hommes faits leur paraît un jeu sans importance, à plus forte raison celle qu'improvisent deux adolescents leur semblera-t-elle double et triple enfantillage. Nous n'espérons donc pas qu'ils y prennent le moindre intérêt : aussi bien n'est-elle pas à leur adresse.

Elle est surtout à celle de ces jeunes gens dont l'esprit cultivé par l'étude des Lettres, largement ouvert à toutes les impressions et à tous les spectacles, ne cesse de se poser, à l'occasion des mots et des choses, une foule de questions dont il voudrait savoir aussitôt la réponse. Curiosité légitime, curiosité mêlée de charme et d'inquiétude, mais dont la durée est bien courte, entre l'enfance qui ne pense pas encore et l'âge mûr qui trop souvent ne pense plus ou pense sans fin la même chose. Il faut profiter sans retard de cette liberté si entière, de cette sincérité si parfaite, de ce désir de savoir si naturel et si ardent : c'est l'heure de semer pour la vie. Les âmes grandissent qui s'inquiètent des grandes choses, et sondent les problèmes que l'indifférence ou l'ignorance peut seule dédaigner. L'essentiel n'est point de résoudre les plus difficiles questions, mais de les soulever par un effort qui double la vigueur de l'esprit et le purifie au contact de la vérité. A voir seulement combien elles sont vastes et par combien de points elles se perdent dans d'insondables abîmes, on ranime en soi l'idée de l'Infini et, avec elle, les aspirations et les espérances qui donnent du prix à la vie. Pareil exercice est surtout utile à l'âge où l'âme se forme, à une époque où la préoccupation croissante des plaisirs et des intérêts matériels menace de corrompre les plus belles natures. Il est sans danger sérieux dans une société encore assez chrétienne pour que la foi au Dieu personnel et vivant, tout libre et tout bon, contienne la pensée dans ses écarts, comme elle la guide dans ses recherches.

LE TEMPS ET L'UNITÉ DE TEMPS.

A la mort de Stanislas, dernier duc de Lorraine, on avait enlevé à la petite ville de Pont-à-Mousson l'Université qui, depuis deux siècles, faisait toute sa gloire et on l'avait remplacée par une École royale militaire. Les chanoines réguliers de Saint-Augustin y furent chargés de la direction et de l'enseignement. A son tour un collège communal succéda, dès le début de ce siècle, à l'École militaire supprimée aux plus mauvais jours de la Révolution. Sa fortune fut des plus brillantes, grâce aux traditions fidèlement conservées par ses maîtres, grâce surtout au rare mérite de l'un d'entre eux, le Père Joseph Laillet (1). Franc-Comtois d'origine, ce savant

---

(1) Joseph Laillet, né le 15 octobre 1756 à Gesincourt (Haute-Saône), ordonné prêtre à Saint-Dié le 22 septem-

religieux n'avait pas voulu quitter la maison où il formait depuis dix ans déjà d'excellents élèves, officiers des dernières armées royales et des premières armées de la République. Il continua d'enseigner, avec une méthode parfaite et un succès croissant, les mathématiques transcendantes (1) : plusieurs généraux et officiers supérieurs de l'Empire lui ont dû, de leur propre aveu, les brillants débuts de leur rapide fortune. Quand sonna l'heure de la retraite, le professeur fidèle à ses souvenirs obtint d'habiter, dans l'aile droite du collège, un modeste appartement auquel on avait joint un jardin de peu d'étendue détaché de la vaste cour d'entrée.

Le regard indiscret des élèves du collège y

---

bre 1781, avait été l'année précédente admis dans la congrégation des chanoines réguliers de Saint-Augustin. Nommé professeur de mathématiques à l'École royale militaire de Pont-à-Mousson en 1782, puis en 1802 à l'école secondaire, et en 1808 au collège communal de la même ville, il prit sa retraite en 1817. Ses anciens élèves obtinrent pour lui en 1833 la croix de chevalier de la Légion d'honneur. La ville lui servit jusqu'à sa mort une pension en récompense de ses longs services. L'Université lui avait conféré le titre de docteur ès-sciences.

(1) C'est le terme propre, constamment reproduit dans les pièces que nous avons sous les yeux.

pénétra plus d'une fois, les barrières n'étant ni bien hautes, ni bien redoutables. Longtemps on vit, presque toujours aux mêmes heures, le grand et beau vieillard se promener à pas lents, en compagnie d'un autre religieux le Père Godefrin, naturaliste distingué, qui avait partagé avec lui la fortune des bons et des mauvais jours. Puis le Père Laillet, comme on continuait de le nommer, se promena seul, son ami l'ayant précédé dans un monde meilleur. Le poids de l'âge devenant de plus en plus lourd, il ne sortit plus que rarement dans une petite calèche conduite par un serviable voisin. Heureux l'étudiant qui se trouvait à l'heure favorable pour aider le concierge à ouvrir la grande porte du collège, pour tenir la bride du cheval et recevoir, en récompense, un sourire gracieux du bon prêtre ! Il parut, dans les dernières années de sa vie, ne plus songer qu'à Dieu et au compte qu'il devait bientôt lui rendre de sa longue carrière. La pensée de ses jugements effrayait cette âme pourtant si fidèle au devoir. Puis il reconquit une paix profonde, prélude de la paix parfaite où il entra le 14 avril 1844 : il avait quatre-vingt-sept ans.

Entre les professeurs et les élèves de l'École royale militaire les rapports étaient de toutes les heures, on pourrait dire de tous les instants. Le maître qui avait enseigné, au milieu d'un profond silence, les mathématiques, les lettres ou l'histoire, venait présider aux jeux qui suivaient la classe, quelquefois il y prenait part. Mais jeux et courses s'étaient bien ralentis depuis quelques mois (on était au printemps de 1790), en revanche les conversations s'animaient de plus en plus. Précautions minutieuses et recommandations pressantes ne pouvaient rien contre les bruits du dehors ; les élèves de l'École, cadets de familles nobles ou fils de bourgeois, agitaient entre eux les questions qui passionnaient leurs parents et la France.

Il était rare que le Père Laillet ne parût pas à la dernière récréation et qu'il ne fît pas, en compagnie de ses meilleurs élèves, sa promenade du soir sous les acacias de la grande cour, près de la Salle d'honneur. Il l'avait commencée seul un jour de juin 1790, quand il vit accourir à lui deux de ses disciples auxquels il témoignait une sincère affection bien payée de retour. Le plus jeune, fils d'un ancien officier de cavalerie, avait atteint dans ses précoces études et parfois il dépassait son compagnon, grâce à la vivacité de son esprit et à la facilité de son travail. Les qualités les plus solides et un caractère excellent rendaient au plus âgé la supériorité que la classe lui faisait perdre de temps à autre. Cette fois tous deux paraissaient fort animés.

— Soyez assez bon pour juger entre nous, s'écria le plus jeune.

— J'espère qu'il n'est pas question de politique, sinon je me récuse.

— Nous vous avons promis, mon Père, Duroc (1) et moi, de n'en plus parler, et nous espérons tenir notre promesse. Mais il s'agit de bien autre chose.

— Pourvu que cette chose ne nous conduise pas tout droit à la politique, aux fautes ou aux mérites de l'Assemblée nationale, je suis prêt à vous entendre, et, s'il est en mon pouvoir, à vous servir d'arbitre.

— Je soutiens contre Duroc que l'espace et le temps ne sont pas du tout ce qu'il croit.

— Et moi j'affirme qu'ils sont plus et mieux que ne prétend de Serre.

---

(1) Gérard-Christophe-Michel Duroc de Brion, né à Pont-à-Mousson le 25 octobre 1772, était, comme son ami Hercule de Serre, fils d'un officier de cavalerie. Il se lia étroitement avec Bonaparte au siège de Toulon, l'accompagna depuis en Égypte et dans toutes ses campagnes. Diplomate et général, il fut chargé de négociations importantes à Berlin, à Saint-Pétersbourg, à Stockholm : il commandait la garde à Austerlitz. Grand-maréchal du palais, duc de Frioul, sénateur, il demeura jusqu'à la fin l'homme le plus aimé de Napoléon. Le dernier coup de canon tiré à la bataille de Bautzen (22 mai 1813) le blessa mortellement.

— D'où vous vient, mes amis, cette idée étrange de discuter du temps et de l'espace, deux questions auxquelles, en général, on songe peu à votre âge ? Pour l'espace je comprends encore, et la géométrie vous ouvrait une voie toute naturelle; mais le temps.....

— Nous dure bien, mon Père.

— Êtes-vous si las d'être avec nous ?

— Non sans doute, mais très désireux d'entrer dans la carrière à laquelle vous nous préparez si bien. Je suis sûr que Duroc pense au fond comme moi.

— Pas le moins du monde, et voilà précisément ce qui nous divise, Hercule de Serre (1) et moi.

---

(1) Hercule, comte de Serre, né à Pagny-sur-Moselle, à quelques kilomètres de Pont-à-Mousson, le 12 mars 1776, émigra et servit dans l'armée de Condé. Avocat-général à Metz sous l'Empire, puis premier président de la Cour impériale de Hambourg, il demeura fidèle à Louis XVIII pendant les Cent jours. Député du Haut-Rhin en 1815, il se distingua à la Chambre par son éloquence et fut, en France, un des fondateurs et une des gloires les plus pures du régime constitutionnel. Garde des Sceaux dans le ministère Decaze (1818), puis dans le second ministère du duc de Richelieu jusqu'en 1821, il mourut en 1824, ambassadeur à Naples. — On vient de publier (Auguste VATON, Paris, 1877) ses Discours (2 volumes), sa Corres-

Il prétend que j'en prends bien à mon aise et ne suis guère pressé de servir le roi et mon pays. Le temps lui paraît très long à lui si jeune, et déjà si près du but ; il me semble à moi très court, surtout quand je songe aux examens qui approchent et aux matières qu'il me faut étudier avant de les subir. De là est né notre différend.

— Peut-on douter, en effet, puisque le temps a des ailes pour Duroc, tandis qu'il me paraît à moi marcher à pas comptés, qu'il soit en réalité fort peu de chose en soi, peut-être même un mot, un simple mot, et rien davantage ?

— Vous avez choisi, mes amis, un bien mauvais juge et qui ne vous dispensera pas de recourir à un tribunal supérieur. S'il n'est pas étranger à la philosophie, du moins en connaît-il assez peu les questions les plus ardues : celle-là est du nombre. J'y ai bien rêvé quelquefois, mais les réponses qu'on donne et celles que j'ai trouvées sont loin de me satisfaire. Pour celle que je viens d'entendre, si simple qu'elle paraisse à son auteur, je n'y aurais jamais songé. Que les réalités

---

pondance (4 volumes). Le portrait du jeune élève de l'École militaire (1790) orne le premier volume des Lettres. Ce gracieux visage d'adolescent respire la candeur et l'intelligence.

exprimées par les mots universellement admis et consacrés par un long usage ne soient pas toutes de même nature, j'y consens, mais il y a loin de cette concession à celle que de Serre exige, si toutefois il parle sérieusement.

— Ma solution est sérieuse, très sérieuse. Comment voulez-vous que le temps et l'espace aient quelque réalité, grande ou petite, quand chacun en juge à sa manière et suivant ses impressions, quand le sommeil vient ajouter sa confusion aux illusions de la veille? N'ai-je pas, cette nuit même, été tour à tour soldat, officier, magistrat, premier ministre d'un grand roi? N'ai-je pas rempli, en ce que vous nommez une heure et peut-être moins, les fonctions les plus diverses, parcouru les contrées les plus éloignées, éprouvé mille douleurs et mille joies très réelles, car elles étaient très senties et m'ont laissé au réveil une vive et durable impression ?

— Tout cela prouve, mon cher enfant, que vous possédez une riche imagination, mais pas du tout que l'espace et le temps soient seulement des mots. Si nombreux et si rapides qu'aient été vos songes, ils ont dû, pour avoir pris une forme et produit un souvenir, s'ordonner dans un espace et un temps faits à l'image de l'espace et du temps réels. Si ces deux notions n'avaient pas été là, dans votre esprit, antérieurement à vos songes, ceux-ci n'auraient eu ni lieu, ni suite, et il n'en serait rien resté.

— Eh bien, j'y consens et vous fais cette concession. L'espace et le temps sont plus que des mots : l'esprit les conçoit à propos des idées qu'il ordonne et ne pourrait ordonner sans eux. Les voilà dans notre âme, c'est chose entendue, mais je leur défends d'en sortir.

— Au nom de quelle autorité, je vous prie ?

— Au nom de la raison qui me commande de les concevoir et me défend de les réaliser. Ils sont en moi pour m'aider à penser ; hors de moi ils ne sont plus rien.

— Voilà ce qui s'appelle décider et trancher : reste à savoir si on obéira. Vous n'avez pas d'ailleurs indiqué, mon cher enfant, toutes vos autorités. Il en est une que je devine, bien que vous ne l'ayez pas invoquée. N'êtes-vous point l'élève studieux de notre excellent professeur de langue allemande (1), et n'est-ce pas à vous qu'il com-

---

(1) Jean-Mathias Gand, professeur de langue allemande à l'école militaire en 1790. La philosophie de Kant commençait alors à pénétrer en France, mais elle y était mal comprise. Portalis, de retour de l'émigration, s'employa, pour sa part, à la faire connaître et, tout en repoussant ses dernières conclusions, il s'en servit pour combattre l'école sensualiste. Quelques officiers studieux imitèrent

munique de préférence le résultat de ses lectures. Ses amis d'Allemagne lui font part de découvertes moins nouvelles qu'il ne croit, et dont il s'est épris sans les avoir, je le crains, assez bien examinées. Je connais très imparfaitement cette philosophie qui vient à peine de naître, je n'ai donc pas le droit de la juger. Et toutefois je goûte peu ces conceptions de la raison qui ne seraient rien hors de la raison. J'ai peine à comprendre que ces eaux pures par lesquelles toute intelligence est vivifiée n'aient pas une source commune, que ces rayons dont toute âme est éclairée ne s'allument pas à un même foyer. Je n'entendrai jamais que des conceptions nécessaires ne procèdent pas d'un principe nécessaire. Or ce principe, êtres finis et bornés que nous sommes, nous ne le portons pas en nous : nous ne saurions nous donner ce que nous n'avons pas.

Ou peut-être va-t-on faire un choix et soutenir que de ces conceptions les unes, celles de l'espace et du temps, par exemple, sont tout ce qu'elles

---

l'exemple de Portalis, après les premières campagnes au-delà du Rhin. Falquet de Planta, plus tard très lié avec Maine de Biran, fut de ce nombre et initia, dans des conférences régulières, quelques jeunes gens des meilleures familles de Grenoble à la philosophie kantienne. (Voir sa vie par M. Albert du Boys, ancien magistrat).

sont dans notre âme et ne sont plus rien hors d'elle, tandis que les autres ont en Dieu leur réalité suprême. Mais alors que devient l'unité de la raison, et, cette unité détruite, la raison est-elle encore la raison ?

Je ne vous parle point, mes chers amis, de ces théories renouvelées ou inventées par l'Allemagne dans les termes savants qu'emploierait votre professeur. Je n'ai à ma disposition que la langue des simples mortels, et je m'en sers pour vous répéter que des conceptions nécessaires réclament un principe nécessaire, que nous ne sommes point ce principe, qu'une raison qui ne vient pas tout entière de Dieu n'est plus pour moi la raison. Ou elle est une, ou elle n'est pas.

— Mais enfin, mon cher maître, si le temps et l'espace sont quelque chose en dehors des mots qui les signifient et de notre esprit qui les conçoit, dites, que sont-ils ?

— Demandez à Duroc, je ne veux pas faire seul les frais de l'entretien : à votre tour de parler, à moi de vous entendre. Ne m'avez-vous pas choisi pour juge ? J'attends, pour prononcer, que la cause soit instruite.

— J'ai déjà répondu à de Serre que peu m'importe au fond la nature de l'espace et du temps : il me suffit de savoir que ce ne sont pas de pures chimères. Ma vie s'écoule dans l'un et dans l'autre, et ma vie n'est pas un rêve. De Serre soutiendra-t-il que les eaux limpides de la Moselle soient là tout près de nous, descendant à la mer, sans lit et sans rives? Ce lit et ces rives lui semblent-ils une pure illusion au prix des flots qui garderaient pour eux toute la réalité?

— Ma réponse est simple. J'ai, pour mesurer les eaux, le lit et les rives, s'il m'en prenait envie et, pour les comparer, une sérieuse et rationnelle unité : je n'en ai pas pour le temps et l'espace. Et si on ne peut les mesurer, n'a-t-on pas le droit de mettre en doute leur réalité?

— Est-il bien sûr, de Serre, que cette unité de mesure propre aux choses matérielles soit aussi parfaite que vous semblez croire, et diffère-t-elle à ce point des mesures variables qu'on peut appliquer à l'espace et au temps? Si nous entrons dans cette voie des mesures, des figures et des unités parfaites, nous pourrons éprouver plus d'une déception.

— Je n'aurais pas étudié sérieusement les sciences exactes et celles de la nature, si j'en doutais. Mais encore faut-il convenir que d'une mesure très voisine de la mesure parfaite à l'absence totale de mesure fixe et d'unité rationnelle, la distance est grande. Or, à moins de croire avec les bonnes gens et les ignorants que le mouvement de la terre, ou tout autre de même nature, peut nous donner cette unité de temps si vainement cherchée, il faut convenir qu'elle n'existe point.

— Et si nous la cherchions, de Serre, ailleurs que dans l'univers physique?

— Dans notre âme apparemment.

— Et pourquoi pas? Qu'en pensez-vous, mon Père?

— Je ne pense rien, j'écoute.

— Ou plutôt, pour revenir au point de départ de notre discussion, et à la solution qui vous a, de Serre, si fort déplu, l'espace et le temps, songez-y cette fois sérieusement, ne sont-ils pas dans le monde comme la raison est dans notre âme, et cette conclusion n'a-t-elle pas pour elle toutes les apparences?

— Je ne l'entends pas mieux que la première fois.

— C'est que vous avez oublié les leçons de nos maîtres. « La raison, nous ont-ils souvent répété, est en nous et elle procède de Dieu. Divine par son origine, elle est humaine par son application aux choses humaines. Ses bornes présentes n'ôtent rien à l'immensité de son principe, ni ses écarts à la rectitude de la vérité. La lumière vient de Dieu, les ombres que nous y mêlons viennent de notre imperfection naturelle, de nos passions et de notre ignorance. » Mais ce que notre raison est au regard de la raison divine, pourquoi l'espace et le temps ne le seraient-ils pas au regard de l'immensité et de l'éternité? Si la ressemblance n'est point parfaite, l'analogie me parait du moins incontestable. Le contenant cesserait-il d'être immuable et infini parce que le contenu est mobile, borné, divisible? Et si l'on ne peut, à aucun prix, séparer l'être de Dieu de son immensité et de son éternité, serait-il absurde de soutenir que l'être des créatures et des choses créées est inséparable de l'espace et du temps? Ce que l'original possède en soi dans sa plénitude, l'image le reproduit sous l'expresse réserve de ses limites. Nous sommes dans le temps aussi naturellement que Dieu est dans l'éternité : nous nous écoulons dans l'un, il subsiste dans l'autre, mais nous ne saurions nous écouler, nous ne saurions devenir et changer si quelque chose n'est de toute éternité, quelque chose qui n'est jamais devenu, qui n'a jamais changé. Le temps suppose donc l'éternité dans laquelle il s'écoule, comme notre raison la raison divine qui l'éclaire.

— Cette fois, je l'avoue, j'entends un peu mieux et, à part quelques réserves, j'inclinerais à consentir. Mais ce n'est pas ainsi que Duroc s'était exprimé tout d'abord. La première édition de sa pensée ne valait pas, à beaucoup près, la seconde. J'ai cru que, retranchant à l'espace et au temps

LE TEMPS ET L'UNITÉ DE TEMPS. 141

les limites que nous découvrons en eux, il les voulait placer tous deux en Dieu, en faire les attributs de Dieu. C'était, selon moi, confondre le fini avec l'infini, le divisible avec l'indivisible, ce qui passe avec ce qui est, ce qui change avec l'immuable. Par cette voie on arrive tôt ou tard au panthéisme et je n'y veux pas aller.

— Vous n'irez ni l'un ni l'autre, mes chers amis, vous avez l'esprit trop bien fait, et vous ne sauriez oublier à ce point les leçons de vos maîtres, sans parler des enseignements de la foi. Mais que Duroc ait ou non donné deux éditions différentes d'une pensée d'abord faiblement conçue, que de Serre l'ait ou non bien comprise, je n'en admire pas moins, en vous écoutant, à quel point les semences d'erreur et de vérité sont déposées, dans une sorte de confusion, au fond de tous les esprits. La moindre culture les fait germer ensemble, et, si de prudents jardiniers n'étaient là pour aider les unes à croître et pour arracher les autres avant qu'elles aient grandi, le bon grain serait plus d'une fois étouffé.

Si les grands philosophes ont pensé mieux que vous, ils n'ont pas eu, au fond, d'autres pensées que les vôtres. Erreurs, vérités, suppositions plausibles, opinions douteuses, tout cela sort de votre esprit avec une abondance, mais aussi dans une confusion que s'explique un observateur attentif. Décidément l'esprit humain est toujours l'esprit humain, qu'il agisse chez des enfants ou chez des hommes, chez des novices dans l'art de penser ou chez des philosophes parvenus à la maturité de l'âge et du talent. La culture que vous devez aux lettres a suffi pour faire éclore les germes qui n'attendaient qu'un peu d'air et de lumière. Savez-vous, mes enfants, ce qui vous sépare des plus profonds penseurs? — L'âge et le génie, me direz-vous. — Oui, mais bien plus encore la patience et la méthode. Vous en avez manqué dans cette discussion.

— Nous l'avouons sans peine.

— C'est ici que la méthode des sciences vous aurait rendu d'incomparables services. Grâce à elle vous auriez commencé par les définitions et les distinctions nécessaires. Vous auriez ensuite procédé par ordre, enchaînant les propositions les unes aux autres sans écart, sans digression, sans rien livrer au hasard. Vous ne l'avez pas fait : loin de là, vous n'avez pas même songé une seule fois à séparer la cause de l'espace de celle du temps.

— Nous allions y venir.

— Je ne doute pas de votre génie inventif, j'ai moins de confiance dans vos bonnes dispositions à l'égard de la méthode. C'est mon devoir de vous en rappeler les règles; vous le voyez, je n'y manque pas plus à l'heure de la récréation qu'à celle de la classe.

— Nous conduira-t-elle du moins, mon Père, cette méthode si parfaite à une solution définitive, et la discussion conduite avec tout l'ordre que Duroc et moi nous y pourrons mettre nous fera-t-elle connaître de l'espace et du temps tout ce que nous en désirons savoir ?

— A condition que vos désirs ne dépassent point la capacité de votre esprit. Pour moi je m'en tiendrais volontiers à la solution que vous paraissiez, en dernier lieu, accepter l'un et l'autre. C'est déjà quelque chose de savoir, ou seulement d'entrevoir le rapport du temps à l'éternité et de l'espace à l'immensité. Toute recherche qui élève nos âmes vers Dieu, qui nous révèle quelque secret de sa nature ineffable, et nous incline à l'aimer davantage, est par elle-même louable et féconde, dût-elle ne pas conduire à la conclusion définitive. Plus d'une fois d'ailleurs on a, chemin faisant, rencontré des pensées dont la valeur égale, si elle ne dépasse, celle des vérités qu'on s'efforçait de conquérir. Essayons ensemble si la question du temps n'en offrirait pas quelques-unes de cette nature. Bornons-nous à lui pour cette fois, et séparons-le de l'espace dont plusieurs ne confondent pas la cause avec la sienne. Quelle est, dites-nous, Duroc, sa division universellement acceptée ?

— On le partage, mon Père, en passé, présent et futur.

— La division vous semble-t-elle exacte, et n'avez-vous aucune observation à nous communiquer à son sujet ?

— Pas au premier abord, mais peut-être qu'en y songeant......

— C'est tout songé, mon Père, et ce que Duroc n'ose vous dire, moi je l'affirme : le présent n'existe pas.

— C'est beaucoup dire, mon enfant, et voilà que vous dépassez le but pour avoir voulu l'atteindre le premier. Dites, si vous le voulez, que le présent n'existe pas au même titre et sous le même rapport que le passé et le futur, j'y consens, mais n'allez pas au-delà, du moins pour le moment.

— J'invoquerai, s'il le faut, les poètes. Boileau, le sage Boileau, que ni vous, ni Duroc ne récuserez, Boileau n'a-t-il pas dit :

« Le moment où je parle est déjà loin de moi. »

S'il est loin de lui, c'est qu'il est passé, et ce prétendu présent n'est, comme vous le voyez, et de l'aveu du poète le moins téméraire, qu'un pur passé.

— Si habile et si ingénieux que vous soyez, de

LE TEMPS ET L'UNITÉ DE TEMPS. 145

Serre, vous ne ferez jamais croire au Père et à moi que le présent n'existe pas : on prouverait plus facilement qu'il existe seul ; j'avoue toutefois qu'il est difficile de le saisir et impossible de le fixer. Je vois bien dans ma parole et dans ma pensée, comme dans l'univers entier, un changement continuel, une suite et un entrecroisement de mouvements qui ne s'arrêtent jamais ; de ces changements et de ces mouvements les uns ont été, les autres seront : je ne parviens pas à fixer celui qui est. Et pourtant il est, car sans lui le passé et l'avenir seraient à jamais confondus ; c'est lui qui les distingue, c'est lui qui accroit sans cesse la réserve de l'un des trésors de l'autre, c'est par lui qu'il faut passer pour....

— Ne vous semble-t-il pas, mon Père, que Duroc médite au lieu de discuter ? Il prend bien son temps de parler ainsi avec lui-même.

— Trouvez-vous qu'il parle si mal ?

— Non pas, sans doute ; j'aimerais toutefois qu'il nous dit où est le présent, au lieu de nous montrer où il n'est pas.

— Le savez-vous mieux que lui ?

— Moi, je le place en Dieu et en Dieu seul, je réserve le passé et le futur à l'homme : il est bien entendu que ceux-ci n'ont rien à voir avec la nature divine.

— La décision est-elle sans appel ?

— Sans appel.

— Mais que ferez-vous du témoignage des langues et du témoignage des hommes en faveur du *présent* et de sa réalité ? Et vous-même, où placerez-vous, mon cher enfant, ce *je*, ce *moi*, dont vous usez volontiers et qui, au moment où vous en usez, n'est pas encore le passé et n'est déjà plus l'avenir ? Ne pouvez-vous dire une seule fois, dans le flot mobile de vos états successifs, états du corps aussi bien que de l'âme, dire de science certaine et en pleine possession de votre pensée présente : je suis, je sens, je veux ? Cette pensée peut-elle appartenir au passé avant d'avoir été au présent ? N'est-ce pas de lui que ce passé la reçoit ? N'est-il pas, que vous puissiez ou non le saisir, l'intermédiaire obligé entre le passé qui n'est plus et l'avenir qui n'est pas encore ?

— Venez à mon aide, mon cher Duroc.

— Ne pourrait-on dire, mon Père (et l'exemple de la raison serait cette fois encore notre point de départ), que si le passé et le futur s'adaptent, par leur incessante mobilité, à la nature des êtres créés et des choses imparfaites, le *présent* est comme le sceau de Dieu sur son œuvre. Incompréhensible comme son être, comme sa sagesse, sa bonté et tous ses attributs, il donne seul quelque fixité à ce monde emporté d'un mouvement qui ne s'arrête point. Il n'est pas le changement, et pourtant rien ne peut changer sans le traverser ; il n'est aucune des modifications que subissent les âmes et les corps, et pourtant sans lui il n'y aurait rien à modifier. Comme *le devenir* n'est point sans *l'être*, et que celui-ci renouvelle à chaque instant les éléments que chaque instant de celui-là consume, ainsi (du moins il me paraît) un présent invisible sépare sans cesse ce qui a été de ce qui sera, et fournit au temps qui n'a rien de commun avec lui les éléments qui le perpétuent. Dieu, pour tout dire, me semble avoir donné le *présent* au monde comme il a donné la *raison* à notre âme, mais de l'un et de l'autre il garde pour lui la plénitude et nous communique seulement l'idée et l'image.

— Si Duroc ne devient point général, mon Père, certainement il sera quelque jour un grand philosophe ou un grand orateur, à son choix. Il a tout ce qu'il faut pour cela, les figures, les antithèses...

— Et le bon sens que ne remplacent pas les plus belles images et les plus vives. Dit-il si mal quand il affirme que le présent est à la fois incompréhensible et réel, indéniable et insaisissable ? La langue des philosophes spiritualistes et celle des plus humbles chrétiens ne sont-elles pas d'accord avec celle qu'il emploie, quand il nous parle de la présence de Dieu, de Dieu présent au monde et à notre âme? C'est bien à lui, en effet, que le présent appartient en propre ; et toutefois le peu qu'il nous en communique, en même temps qu'il sépare le passé de l'avenir, est un de nos plus beaux privilèges et le fondement de notre grandeur morale.

— Qu'entendez-vous par là, mon Père? Si profond penseur que Duroc vienne de se révéler, il n'en est pas moins que moi, j'en suis sûr, désireux d'une explication.

— C'est vous qui nous la donnerez, de Serre, elle sortira de votre bouche. Répondez seulement à mes questions.

— Bien volontiers, si j'en suis capable.

— Duroc ne disait-il point tout à l'heure que l'unité rationnelle de temps pourrait bien se trouver dans notre âme? Qu'en pensez-vous?

— Que peut-être il a deviné juste.

— Mais dans quel acte particulier faudrait-il la placer de préférence à tous les autres?

— Dans l'acte le plus simple, le plus un, cela va de soi.

— C'est-à-dire aussi, sans doute, le plus riche au regard des éléments qui concourent à le produire, la parfaite unité impliquant la plus grande richesse. Mais à son tour, Dieu n'aura-t-il point sa part dans cet acte, et pouvons nous séparer de son action notre action parfaite?

— Assurément non.

— L'acte parfait de l'homme sera donc, pour tout résumer d'un mot, l'acte où l'âme sera tout elle-même et tout entière, et où Dieu agira le mieux avec elle.

— Il me paraît qu'il en est ainsi.

— Reste, mon cher enfant, à découvrir cet acte et à le nommer. Serait-ce la sensation, par exemple?

— Malgré tout le bien qu'on en dit de nos jours (1), je la crois au-dessous d'un tel rôle, trop engagée dans le monde extérieur, trop variable, trop différente d'elle-même à tous les instants, trop peu voisine de Dieu, ni assez vaste, ni assez riche.

— Et l'amour, de Serre, l'amour qui domine de si haut la sensation et embrasse en lui tous les sentiments?

— L'amour est souvent aveugle, c'est à peine s'il se connaît. Je préfère la pensée qui connaît l'amour et se connaît elle-même.

— La pensée serait donc l'acte simple et parfait que nous cherchons?

---

(1) Condillac à la suite de Locke.

— Peut-être n'est-ce pas encore elle.... Je la vois souvent seule, vide d'affection, contredite par la volonté et la liberté. Loin d'être égale à elle-même (condition première de l'unité rationnelle), elle est, dans le raisonnement, d'une lenteur qui me désespère, dans l'intuition, d'une rapidité qui m'effraie.

— Et la volonté libre, dont vous venez de prononcer le nom, qu'en pensez-vous, de Serre?

— Beaucoup de bien, assurément. Celle qui mérite d'être ainsi qualifiée ne se sépare jamais de l'amour et de la pensée. J'aperçois à son point de départ, pour l'éveiller et, jusqu'à la fin, pour la soutenir, des idées et des affections. Elle met à la fois en mouvement le corps et l'âme : pourtant elle est simple, égale à elle-même et d'une merveilleuse rapidité. Le côté faible, c'est son rapport avec Dieu : il est loin d'être identique, car je discerne dans l'homme un bon et un mauvais vouloir.

— Le mauvais vouloir ne saurait donc être, à votre avis, l'unité que nous cherchons. Pourriez-vous m'en dire les motifs?

— Il nous éloigne de Dieu au lieu de nous en rapprocher, il nous diminue, et l'acte qui nous diminue ne saurait être un acte parfait; il déprime toutes nos puissances, il altère avec la vérité du sentiment celle de la pensée. Comment serait-il un et simple, de l'unité qui suppose la richesse, quand sa nature propre est d'exclure?

—Laissons-le donc à son vice d'origine et à ses funestes effets. Laissons-le venir du temps et y rentrer. Mais n'est-il pas, de Serre, un acte qui sorti du temps n'y rentre plus, et si cet acte existe, n'aurons-nous pas, en le découvrant, fait un grand pas vers le terme de nos recherches? Dites-moi : dans le mauvais vouloir est-ce Dieu qui nous attire?

— Il serait absurde et impie de le soutenir.

— Ce même Dieu n'est-il pas, au contraire, à l'origine de tout bon vouloir? Pourrions-nous tendre au bien, s'il n'en avait mis en nous, s'il n'en renouvelait sans cesse le désir et l'attrait? Cette union à laquelle il nous convie, à laquelle vous pouvez accorder ou refuser votre consentement, n'est-ce pas encore lui qui la provoque? Ne l'avez-vous pas senti plus d'une fois au plus intime de votre âme, et quand vous avez répondu ne l'avez-vous pas fait librement?

—, En pleine liberté.

— Entre toutes ces réponses avez-vous jamais aperçu la moindre différence?

— Pas la moindre : on ne saurait imaginer égalité plus parfaite.

— Cet acte d'une liberté absolue, précédé de

l'appel de Dieu, où sa pensée concourt avec la nôtre, son amour avec notre amour, son être avec tout ce que nous sommes, cet acte d'une grandeur, d'une unité, d'une identité, d'une richesse incomparables ne vous semble-t-il pas être....

— L'acte parfait que nous cherchons.

— Mais ce n'est pas tout. Cet acte, mesure du temps, si le temps peut avoir son unité parfaite, est-il, croyez-vous, retourné tout entier dans le temps pour y produire ses effets éphémères comme le temps? En répondant à l'appel de Dieu, en associant votre volonté à la sienne, n'avez-vous pas accompli un acte qui est à la fois sien et vôtre, qui, du temps où il est né est entré dans son éternel présent? Tout périt ici-bas, tout change, affections, idées, désirs, pensées; ce qui demeure à jamais, c'est l'acte libre qui a confondu le vouloir de Dieu avec le nôtre. Engendré sur les limites de deux mondes, celui qui passe et celui qui ne passe pas, c'est au second qu'il appartient pour toujours ; mais en même temps son unité sans division, sa simplicité sans mélange permettent, ce me semble, qu'il soit, pour le premier, l'unité de mesure la moins imparfaite qu'on puisse lui appliquer. Ou l'unité du temps n'est pas, ou elle est l'indivisible instant où l'acte de notre bon vouloir né dans le temps entre aussitôt, et pour toujours, dans l'éternité.

C'est assez, mes amis, débattre ensemble des questions dont l'importance ne paraît pas égale à tous les esprits, et dont la solution recule à mesure qu'on avance et qu'on croit la saisir. La mesure du temps, croyez-le bien, importe moins que le bon usage du temps. Vous avez une fois de plus, dans le cours de cette discussion, constaté le prix et admiré la grandeur de la liberté : c'est son résultat le plus précieux. Définisse qui voudra et saura le faire l'espace et le temps; c'est assez pour nous de savoir qu'ils sont ici-bas les conditions de la vertu. L'une et l'autre lui sont nécessaires pour naître, grandir et triompher : sa récompense est ailleurs.

La vertu, mes enfants.... Le bon religieux, en prononçant ce mot pour la seconde fois, s'arrêta sous l'empire d'une vive émotion, la vertu, vous en aurez besoin pour parcourir sans chute et sans défaillance la voie qui s'ouvre devant vous. Il faut, pour les temps difficiles qui s'annoncent, de grands courages et d'héroïques dévouements. Dieu me garde de désespérer de l'avenir et de la France ! Mais enfin l'illusion n'est plus possible, l'ordre ancien n'est plus : il s'abîme, il s'écroule dans une crise dont la violence n'abrégera pas la durée. Pour en faire sortir un monde nouveau, ce n'est pas assez du courage des soldats, de l'éloquence des orateurs, du génie des hommes politiques, il faut la vertu.....

Les siècles anciens, malgré leurs fautes ou leurs crimes, n'en ont pas manqué. Elle n'a manqué ni à notre Jeanne d'Arc, ni à Marguerite d'Anjou née dans cette ville l'année même où l'héroïque Pucelle sauvait la France, Marguerite si célèbre à son tour par ses malheurs et par son courage. En auriez-vous moins que des femmes ? En auriez-vous moins que Barclay, votre compatriote, supérieur par sa force d'âme à toutes les disgrâces, moins que ces princes lorrains dont le souvenir est encore vivant dans cette grande salle des Actes où se décidera bientôt votre avenir. C'est là que plusieurs d'entre eux, avant de vaincre les Turcs et les ennemis de leur maison, ont conquis, après de solennelles épreuves, des grades dont ils n'étaient pas moins fiers que de leur titre de princes (1).

Non, vous ne manquerez ni de vertu, ni de courage : vous en aurez d'autant plus que les temps seront plus difficiles et les épreuves plus

---

(1) C'est ainsi qu'en présence de Charles IV et de toute sa cour, le jeune duc Nicolas-François soutint avec succès l'épreuve du doctorat en philosophie, le 24 juillet 1626. Plusieurs princes lorrains firent leurs études et prirent leurs grades à l'université de Pont-à-Mousson.

redoutables. A votre tour, vous servirez d'exemple à ces enfants qui vous suivent : il faut que nous puissions fortifier nos conseils de vos exemples, que nous puissions dire à ce jeune Fabvier (2), que je vois si vif et si ardent au jeu, et non seulement à lui dont la famille est liée avec les vôtres, mais à ses camarades, à tous vos successeurs, ce que vous étiez, ce que vous avez fait, comment votre travail et votre docilité ont préparé vos succès. Demeurez, quoi qu'il arrive, fidèles à la religion et à la France, et n'oubliez jamais que si l'homme est une ombre dans le temps qui passe, il entre par la vertu dans le vrai et impérissable présent : il lègue à l'un une mémoire respectée, à l'autre il donne son âme immortelle.

---

(2) Fabvier (Charles-Nicolas), né à Pont-à-Mousson en 1780, mort en 1855, fournit la carrière la plus aventureuse. Élève de l'école polytechnique, il fut au nombre des officiers que Napoléon Ier envoya au Sultan et au Schah pour organiser leurs armées. Officier supérieur sous l'Empire, aide-de camp du maréchal Duroc, il se distingua dans une foule de combats et fut quelques jours chef d'état-major général dans la campagne de Saxe. Disgrâcié par la Restauration, il prit une part active à la lutte des Grecs jusqu'à la paix qui sanctionna leur indépendance. Sous le gouvernement de Juillet, il devint général de division et pair de France. Enfin il fut élu membre de l'Assemblée nationale législative en 1849.

L'ESPACE ET LA MATIÈRE.

C'était l'usage à l'École militaire d'accorder aux élèves les plus avancés dans leurs études deux ou trois promenades de faveur durant les examens du mois d'Août. Ni le travail, ni la discipline n'ont jamais souffert de ces distractions légitimes, achetées au prix des meilleures notes. Le petit groupe qui se forme dans la cour de l'École, le 25 août 1790, tout prêt à sortir sous la direction du Père Laillet, se compose donc uniquement d'élèves choisis, et parmi eux, est-il besoin de le dire, Duroc de Brion et Hercule de Serre. Les examens touchent à leur terme : on devine à l'air épanoui des jeunes gens que le résultat les laisse sans inquiétude. Ils partent donc l'esprit libre, le cœur joyeux et se dirigent, malgré la chaleur, d'un pas rapide vers la forêt voisine.

A quelques kilomètres de la ville, au plus épais du bois situé à l'est et au pied de la colline de Mousson, s'ouvre une clairière qui a retenu de ses anciens possesseurs le nom de Pré des Jésuites. Il est arrosé par l'eau bienfaisante d'une source qui jaillit, tout près de là, dans un pré de moindre étendue, nommé l'Arpent des Carmes. L'intervalle qui sépare ces deux paisibles retraites est couvert d'arbres vigoureux, parmi lesquels dominent les chênes et les trembles : on y voit aussi quelques hêtres à l'épais feuillage. C'est au Pré des Jésuites, sur la lisière du bois, que nous retrouvons nos écoliers plus disposés d'abord à se délasser d'une course rapide qu'à se livrer à des jeux bruyants. Tandis que les uns étanchaient leur soif dans l'eau pure du ruisseau, que d'autres s'endormaient à son doux murmure, les plus studieux, les plus attachés à leur maître, s'étaient approchés du Père Laillet. Un petit cercle ne tarda pas à se former autour de lui au pied d'un hêtre touffu, sur un tertre peu élevé.

— Il faut convenir, dit l'un des jeunes gens, que ces frais ombrages dédommagent bien des fatigues de la route. Que nos maigres acacias sont peu de chose auprès de ces beaux hêtres et de ces chênes vigoureux !

— Je ne sais, dit un autre, pourquoi il en est ainsi, mais jamais cette solitude ne m'a paru aussi agréable. Jamais la nature ne m'a semblé si belle.

— C'est que vous y mettez, mon enfant, une partie de votre âme. Elle est libre des soucis qui l'obsédaient il y a quelques jours ; calme et joyeuse elle répand sur tout ce qui l'entoure les biens qu'elle porte en elle-même.

— L'âme a-t-elle donc tant d'influence, interrompit de Serre, et faut-il croire qu'elle puisse, suivant ses dispositions présentes, embellir ou assombrir la nature ? Son empire sur le temps qu'elle nous fait trouver, à son gré, lent ou court, s'étendrait-il sur la matière pour la rendre, à son choix, belle ou laide, triste ou riante ?

— Si vous doutiez qu'il en fût ainsi (ce doute se conçoit à votre âge), l'expérience de la vie ne tarderait pas à vous apprendre à quel point l'état de l'âme modifie, pour chacun de nous, personnes et choses, nature et relations sociales, en un mot tout ce qui nous entoure. La grande source des plaisirs et des peines, avec leurs variétés infinies, est au dedans de nous-mêmes : les circonstances et les hommes lui donnent seulement l'occasion de s'ouvrir et de s'épancher. C'est en vain qu'on se retirerait dans la plus profonde solitude, on n'échappe pas à son âme. Elle nous suit partout : que nous changions de place, d'occupations, d'amis, elle est toujours là :

In culpa est animus qui se non effugit unquam (1).

Elle teint de ses couleurs le mobile spectacle qui se déroule autour d'elle; elle prête sa vie, ses sentiments, ses pensées à tout ce qu'elle touche, elle dispose le monde comme elle est elle-même disposée. Elle ne crée pas la réalité, mais elle la modifie d'après son état présent.

— Pourquoi, si tel est son pouvoir, ne point dire qu'elle la crée? La différence est-elle si grande ? Que m'importe ce que sont les choses en elles-mêmes ? L'impression qu'elles font sur moi, le plaisir ou la peine dont elles deviennent l'occasion, voilà en elles tout ce qui m'intéresse. Je ne me repens point d'avoir concédé à Duroc que le temps est plus qu'un simple mot : Dieu me garde de revenir sur les conclusions que nous avons adoptées il y a trois mois à peine. Et toutefois je ne découvre pas sans surprise que l'âme ait de tels droits sur la nature entière, qu'elle s'immisce dans tous les actes du corps, et même

---

(1) Horace.

dans ceux qui me semblaient dépendre uniquement de la matière. Voici que cette matière elle-même, et sans doute aussi l'espace qui la contient, vont, à leur tour, obéir à ses lois et relever de son bon plaisir. Ils ne seront que ce qu'elle voudra bien et changeront quand il lui plaira de changer. Si son pouvoir sur l'un et sur l'autre n'est pas absolu, du moins s'en faut il de bien peu.

— Vous ne savez pas encore, mon enfant, toute sa puissance et toute sa malice. Non seulement elle veut régner, mais elle confond, elle bouleverse tout. Nous avions, vous vous le rappelez sans doute, lors de notre grande discussion sur le temps, réservé les droits de l'espace.

— Il m'en souvient.

— Je vous avais engagé à ne point confondre leurs intérêts.

— Avec beaucoup de raison, je persiste à le croire.

— Eh bien ! vous et moi nous avions tort.

— Se peut-il ?

— Oui, l'âme a réuni ce que nous avions séparé, ou plutôt la chose était faite depuis longtemps déjà, grâce au ministre ordinaire de ses équivoques, de ses brouilleries, de ses malentendus, je veux dire le langage.

— Je n'entends pas bien.

— Répondez à mes questions et vous comprendrez aussitôt.

— J'y consens de tout mon cœur.

— L'espace que vous venez de parcourir n'est-il pas, de Serre, d'une lieue et demie tout au plus ?

— Il est d'une lieue et demie.

— Et dans combien de temps l'avez-vous franchi ?

— Dans l'espace d'une heure, de cinq quarts d'heure à peine.

— Pour retourner à la ville, après un repos raisonnable, combien de temps comptez-vous employer ?

— Le même espace de temps.

— Et vous n'en voulez pas au langage, vous n'en voulez pas à l'âme qui le gouverne, de vous engager dans ces confusions, de vous faire dire espace quand il s'agit du lieu, et encore espace quand il s'agit de la durée, de vous mettre à la bouche cette locution au moins étrange : espace de temps !

— Ces façons de parler sont, mon Père, du langage familier.

— Elles n'en ont que plus d'autorité.

— Mais si le bon usage, si la langue écrite ne les admettent point, convenez qu'elles perdent beaucoup de leur importance.

A ce moment la voix timide d'un jeune élève d'humanités se fit entendre : elle venait au secours du Religieux que la réplique d'Hercule de Serre allait peut-être embarrasser. Je crois, mon Père, disait-elle, que la langue écrite est aussi pour vous, même la langue du poète le plus sévère, du tyran des mots et des syllabes, comme Boileau l'a nommé. N'est-ce pas dans les stances à Dupérier sur la mort de sa fille, qu'on lit ces beaux vers dont le dernier décide en votre faveur :

> Mais elle était du monde où les plus belles choses
> Ont le pire destin,
> Et rose elle a vécu ce que vivent les roses,
> L'espace d'un matin.

Ou il faut vous donner raison, ou il faut récuser l'autorité de Malherbe.

— Nous nous en garderons bien, mon Père, interrompit Duroc, car si les poètes n'avaient point parlé, j'allais produire un témoignage dont personne ici ne contestera la valeur, celui de la géométrie unie à l'astronomie. La minute, qui est a soixantième partie de l'heure, n'est-elle pas encore la soixantième partie du degré ? De même pour la seconde par rapport à la minute. Minute et seconde servent donc tout à la fois à noter les divisions du temps et celles de l'espace.

— Si la poésie, l'astronomie et la géométrie se réunissent contre moi, je n'ai plus rien à répondre : l'âme a tous les pouvoirs, elle dispose des mots aussi bien que des choses, elle en étend ou elle en restreint le sens comme il lui plaît, au gré de son caprice...

— En êtes-vous bien sûr, mon enfant ; et pour nous borner à la question présente, croyez-vous que cet accord du langage familier avec celui des poètes et des savants n'ait pas quelque raison secrète et d'une grande valeur? L'espace et le temps n'auraient-ils pas, malgré leurs différences profondes, quelque point par lequel ils se touchent, quelque trait par lequel ils se ressemblent? Votre pénétration serait-elle en défaut? N'a-t-elle pas déjà deviné le lien qui les enchaîne, l'idée commune...

— Ou cette idée, mon Père, est celle de l'étendue, ou je renonce à la chercher et laisse à Duroc l'honneur de la découvrir.

— Et qui vous le fait croire?

— La même autorité qu'on invoquait tout à l'heure, celle du langage ordinaire. Il nous entretient presque aussi volontiers de l'étendue des temps que de celle des lieux : il affirme que tel corps a telle étendue et que telle vie s'est étendue au-delà des limites ordinaires, sans compter ce qu'il nous répète sans cesse de l'étendue de l'univers et de l'immense étendue des siècles.

Après tout ce n'est pas faire grand honneur à l'espace et au temps, ce n'est pas les relever beaucoup dans notre estime que de leur découvrir ce trait commun et de les réduire, ou peu s'en faut, à l'étendue. Pourquoi ne pas les ramener tout de suite à la matière dont l'étendue est l'attribut principal, et leur communiquer ses imperfections ? Elles sont nombreuses, vous ne l'ignorez pas, la division, en premier lieu, puis...

— Le Père nous fait grâce de la liste entière : il la connaît, de Serre, mieux que nous, et il l'aurait bientôt dressée. Mais que prouvent ces échanges entre les mots, échanges sanctionnés par le commun langage, sinon que l'esprit des hommes a découvert, de fort bonne heure, de grands rapport entre l'espace et le temps? En les unissant l'un et l'autre à l'étendue, il fait voir que, par une sorte d'instinct secret, il les range au nombre des choses créées, limitées, divisibles...

— Sans compter tout ce qu'elles renferment de vague et d'absolument indéterminé. Il me sera bien permis à moi aussi, enfant de la Lorraine, de citer en témoignage, non pas des vers vieux d'un siècle et demi tout au moins, mais un poète encore vivant, un compatriote, un Lorrain, l'auteur des *Saisons*. Il a dit, décrivant un orage qui s'approche :

> Et la foudre, en grondant, roule dans l'étendue.

L'espace, je n'en doute pas, aurait fait bien mieux son affaire, mais non pas celle du vers qui attendait une autre rime. Alors il a choisi l'étendue, mot qui convenait à merveille pour exprimer ce je ne sais quoi d'indécis, d'indéterminé, sans limites certaines, sans caractère distinct, ni air, ni eau, ni clair, ni obscur, qu'on nomme en effet, en prose et en vers, l'étendue. L'étendue ! mais c'est beaucoup d'honneur que vous lui faites de l'attacher si étroitement à la matière et de les ramener, pour ainsi dire, l'une à l'autre ! Pauvre matière, je la plains de tout mon cœur, si c'est là sa première et essentielle qualité. En tout cas ce n'est pas sur ce fragile et insaisissable attribut que je compte pour découvrir sa nature intime.

— Y songez-vous, mon enfant, la nature intime de la matière ! Ce rêve aurait-il pu hanter vos jeunes cerveaux ? Je sais que la jeunesse est présomptueuse, qu'elle ne doute de rien et ne recule point devant les difficultés qu'elle soupçonne à peine. J'espère toutefois...

A ce moment la voix du Père fut couverte par les cris d'une joie bruyante. Le bruit de pas pressés qu'on entendait depuis quelques instants se rapprochant de plus en plus, on vit paraître à la lisière du bois cinq ou six jeunes gens : « le Ferré, le Ferré, répétaient-ils de concert, nous avons découvert un tronçon du Ferré, nous rapportons deux médailles. »

Les paysans lorrains appellent de ce nom la voie romaine qui, sans s'inquiéter de suivre la Moselle en ses mille détours, va directement de Toul à Metz, et franchit le fleuve à Scarponne (1). On en voyait encore, au début de ce siècle, des restes fort bien conservés et de solides tronçons que le soc de la charrue entame tous les ans. Plus ardents à la course que leurs camarades paisiblement assis autour de leur maître, nos jeunes explorateurs s'étaient mis à la recherche du Ferré, et, après en avoir découvert une partie qu'ils ne connaissaient pas encore, ils avaient exercé sur elle la passion de détruire naturelle à

---

(1) Scarponne, ville jadis florissante, fut entièrement détruite à l'époque des invasions hongroises. Au siècle dernier on voyait encore d'assez beaux restes du pont que les Romains y avaient construit. La voie romaine réparée par Brunehaud a gardé longtemps le nom populaire de chemin de la Reine Houdiate. (Voir *Brunechild et les Austrasiens*, par HUGUENIN jeune, professeur d'histoire au ycée de Metz et plus tard à la Faculté de Nancy. Metz, Lamore 1849.)

leur âge. Tout fiers de leur découverte, ils présentaient au Père les deux médailles qu'ils s'apprêtaient à polir pour en découvrir l'exergue.

— Belle trouvaille, en vérité, s'écria de Serre, et qui valait bien la peine de courir à perdre haleine et de se brûler au soleil. Nous en obtiendrons dix fois autant, et sans la moindre peine, dans la maison du pêcheur qui les recueille à Scarponne, et les donne ou les vend à ses visiteurs. Vous n'aviez qu'à pousser un peu plus loin, vous auriez apparemment découvert en fouillant le sol quelque javelot laissé par les barbares si bien surpris et anéantis, au pied du mont Sainte-Geneviève, par un lieutenant de Julien (1). Aux mêmes lieux encore, vous pourriez, avec un peu de chance favorable, découvrir quelque tronçon de lance, quelque vieux casque abandonné par les soldats de Charles-le-Téméraire ou par ceux de René II de Lorraine, dont ce fut la première rencontre (2). Allez, frottez bien vos médailles, donnez-vous des airs d'antiquaires, courez enrichir vos collections de quelques fragments aussi précieux de cuivre ou de bronze, nous sommes occupés, nous, de choses plus sérieuses, et nous n'avons pas le loisir de vous suivre.

---

(1) Voir AMMIEN-MARCELLIN.
(2) Octobre 1476, trois mois avant la bataille de Nancy.

Car enfin, mon Père, cette idée de la matière à laquelle l'étendue avait tout l'air de se laisser réduire après avoir ramené à elle l'espace et le temps, la voilà qui se présente à nous de tous les côtés et sous des formes sans cesse renaissantes. Matière sans doute que ces vieilles monnaies romaines ou gauloises enfouies, pour la seconde fois, dans le sol; matière que ces pierres si bien emboîtées les unes dans les autres et qui ont résisté, durant tant de siècles, à l'effort des hommes et à l'action du temps; matière que ces débris d'armes enterrés dans des champs de bataille inconnus de ceux qui les cultivent; matière que ces vieux murs du château féodal de Mousson; matière que ces beaux arbres si pleins de sève et de vie; matière que cette eau limpide dont le murmure accompagne nos voix; matière que cette douce verdure qui repose nos yeux et nous sert de moelleux tapis. Comment se peut-il que d'une même chose sortent tant de choses différentes? Qui nous expliquera ces merveilleuses transformations? Qu'est-ce que la matière?

— Et c'est pour le chercher, mon cher enfant, que vous refusez de vous joindre à vos camarades, et vous croyez cette recherche plus utile que celle à laquelle ils se livrent!

— S'il en était autrement, mon Père, je les suivrais comme ont fait tous nos amis plus curieux de médailles que de philosophie. Nous avons tenu ferme, Duroc et moi : n'avons-nous pas, en retour, mérité quelque récompense? La seule que nous désirions, c'est que vous nous parliez de la matière et que vous consentiez à nous dire ce que vous en savez. Pourrions-nous croire qu'un savant, qu'un géomètre n'ait pas réfléchi à un sujet qui touche par tant de points à ses études ordinaires?

— De Serre dit vrai, nous souhaitons vivement de connaître votre pensée sur une question qui nous a paru de toutes la plus difficile. C'est en vain que depuis plus de deux mois nous y revenons sans cesse, dans nos promenades du soir, nous ne faisons guère de progrès, il faut bien l'avouer.

— C'est deux mois d'avance que vous avez sur moi, mes amis; aussi n'attendez pas que je prenne le premier la parole et me prive du résultat de vos longues et savantes recherches. Vous me demandez des conclusions, et j'en vois là qui, sur vos lèvres, ne demandent qu'à sortir et à s'affirmer. A mon tour de vous prier, de vous conjurer de ne les point garder pour vous et de m'en faire part au plus tôt.

— Nous espérons bien, à vrai dire, de Serre et moi, en avoir découvert quelques-unes, si la présomption n'est pas trop grande de nous exprimer ainsi. Et d'abord nous ne croyons pas au vide.

— Vous êtes, sur ce point, du sentiment de Bélise :

> Mais le vide à souffrir me semble difficile (1).

Vous pourriez bien, Bélise et vous, n'être pas dans l'erreur.

— La densité variable des corps suffit, il nous semble, à rendre raison de leur pénétration mutuelle et de tous leurs mouvements.

— Je n'y contredis point.

— Qui empêche d'imaginer un fluide plus subtil que l'air, capable, par son extrême ténuité, de remplir aussi bien l'immense étendue des cieux que l'espace imperceptible compris entre les moindres molécules des corps? Corps lui-même, il se prête à tous les mouvements des corps, il les soutient, il en amortit les chocs, il en facilite les rapprochements, il les...

— Tout comme dans la fable de la Laitière et du Pot au lait, avec cette différence que vous ne sauriez dire comme Perrette :

> Il était, quand je l'eus, de grosseur raisonnable.

---

(1) *Les Femmes savantes,* acte III, scène IX.

Mais enfin, si petit, si réduit que soit ce fluide si parfaitement subtil, vous le connaissez, vous le possédez, vous allez nous dire toutes ses qualités, je vous tiens quitte de la description.

— Quant à la matière elle-même, ce je ne sais quoi de primitif, d'intime, d'insaisissable, dont notre éther et les corps les plus denses sont composés, l'idée n'a pu nous venir un seul instant qu'elle fût éternelle.

— Je vous en félicite.

— Et pas davantage infinie.

— Cela va de soi.

— Car elle est divisible, mobile, changeante, finie dans chacune de ses parties, dans chacun des éléments qui la composent.

— Et ces éléments eux-mêmes, que pensez-vous de leur nature intime? Croyez-vous qu'ils soient simples, qu'on les puisse réduire à un petit nombre?

— C'est ici que les divisions commencent entre nous.

— Elles pourront durer longtemps.

— De Serre tient pour les atomes, je doute de leur réalité. Mais la question qui nous paraît insoluble, celle que nous avons discutée avec le plus d'ardeur, c'est la nature même et l'essence de la matière. Nous la comprenons d'autant moins que nous l'étudions davantage : il semble que nous reculions au lieu d'avancer.

— Je n'en suis pas surpris Vous n'êtes pas les premiers auxquels pareille mésaventure arrive en pareille recherche. — Mais cette matière, Duroc, puisqu'elle n'est pas infinie, sauriez-vous du moins nous dire quelque chose de sa quantité? Croyez-vous qu'il y en ait beaucoup?

— Moins que Dieu n'est grand, mon Père, mais bien plus que mon esprit n'en conçoit. Dieu n'en créera jamais assez pour épuiser sa puissance, jamais mon esprit n'embrassera tout ce qu'il en peut créer. J'aurais à ma disposition l'intelligence la plus vaste avec l'imagination la plus riche, je n'atteindrais pourtant qu'une faible partie de l'univers matériel. Et pourtant je conçois que Dieu surpasse infiniment ce fini que je ne puis me représenter dans toute son étendue.

— Et si ces mondes venaient à disparaître, si l'espace et la matière rentraient, avec le temps, dans le néant dont ils sont sortis, dites, Duroc, que resterait-il ?

— Dieu et son éternité, Dieu et son immensité, et en Dieu la pensée et la possibilité de tous les mondes, y compris celle de l'espace et du temps.

— J'admire, mon enfant, à quel point une juste idée de Dieu dispose l'esprit à entendre une foule de vérités secondaires et lui suggère, sur les questions les plus difficiles, les réponses les plus naturelles. Vous la devez, cette idée bienfaisante, à l'enseignement religieux et à la philosophie qui lui sert d'introduction dans les plus humbles catéchismes. Vous la devez à ces deux grandes maîtresses de vérité, la raison et la foi.

— Pourquoi, si elles ont tant de pouvoir, interrompit de Serre, ne nous diraient-elles pas ce qu'est en soi la matière ?

— Soyez sûrs qu'elles vous l'apprendront, si cette science est nécessaire à qui veut vivre en honnête homme et en chrétien.

— Il y aurait, à ce compte, bien peu de sages et de chrétiens sur la terre !

— Croyez-vous qu'il en restât même un seul ?

— Est-ce à dire, mon Père, que nul homme au monde n'a jamais su, que nul homme ne sait ou ne saura ce qu'est la matière dans son fond le plus intime, dans ce qu'elle a de plus secret et de plus mystérieux, pour tout dire, dans son essence !

— Pas un seul, à mon humble avis du moins.

— Et vous nous condamnez sur cette unique question à une ignorance absolue ?

— Sur cette unique question et sur plusieurs autres. Admettez-vous, mes amis, qu'il existe de sérieuses différences entre les questions soulevées par la curiosité humaine, et qu'on puisse les diviser en plusieurs groupes ?

— Nous l'admettons.

— Cette division serait la source de grands avantages. S'il était reconnu, par exemple, que toutes les questions comprises dans une catégorie dépassent la portée de notre intelligence, on se dispenserait d'y chercher une réponse et on dépenserait ailleurs, avec plus d'à-propos, ses loisirs et les ressources de son esprit.

— Eh quoi ! mon Père, il y aurait des questions que ni vous, ni Duroc, ni moi, ni aucun de nos camarades et de nos maîtres, ni tant d'hommes d'une science extraordinaire, d'une pénétration d'esprit merveilleuse, ne pourraient jamais résoudre ?

— Sans aucun doute, mes amis, et de celles-là même je fais ma première classe. Elle a, j'en conviens, peu d'étendue. Ce n'est pas tous les jours, ni dans tous les lieux qu'on se demande en quoi consiste l'esprit, et en quoi la matière, et en quoi le temps, et en quoi la force. Ces questions d'essence, de substance, de fond et de profond des choses, intéressent seulement un petit nombre d'esprits : les autres négligent de les soulever, ils se doutent à peine qu'elles existent. Qui saura, qui comprendra jamais, dans le sens absolu de ce mot, les insondables rapports de l'essence des choses matérielles ou immatérielles avec une nature elle-même insondable, puisqu'elle est infinie ? Nous sommes là comme à la source de l'être où nul regard mortel n'a jamais pénétré : contentons-nous d'admirer les belles eaux qui en découlent, de jouir de leur fraîcheur, de profiter de leur abondance. Mais ces questions, bornes infranchissables où s'arrête le savoir humain, sont, je le répète, bien peu nombreuses, surtout si on les compare à celles qui concernent le comment des choses, je veux dire les lois suivant lesquelles elles se développent, les influences qu'elles subissent, les milieux au sein desquels elles se transforment.

— Ces questions, mon Père, nous ne les connaissons que trop, et, aux jours d'examen, elles nous ont plus d'une fois mis à la gêne. Duroc est trop modeste pour ne pas en convenir. Que celles-là soient nombreuses et qu'on n'en voie jamais la fin, tout le monde en tombera d'accord à l'École militaire.

— Et non seulement à l'École, mes amis, mais dans les plus doctes compagnies, à l'Académie des sciences de Londres comme à celle de Berlin. C'est dire assez que le comment des choses est l'objet propre des sciences : or celles-ci sont à peine au début de leur vaste carrière ; elles commencent à entrevoir, à mesurer l'espace qu'elles doivent parcourir. Nous les verrons se multiplier, se subdiviser, s'étendre à mesure que s'étendra la connaissance de la nature.

— Que je plains nos successeurs, et quels examens, quels programmes dans cent ans d'ici ! Nous qui trouvons les nôtres déjà trop chargés !

— Vous oubliez, mes amis, que plus la science progresse et plus elle se simplifie. On voit de plus haut, on voit mieux, et si l'on subdivise d'abord pour rendre l'étude plus facile, on rapproche bientôt les résultats analogues, on réunit les résultats identiques auxquels on est parvenu. L'unité qu'on avait fractionnée dans la recherche on la retrouve dans la conclusion. Mais rien n'aide à ce travail de simplification comme de savoir, sur quelques points importants, le pourquoi des choses.

— *En quoi, comment, pourquoi...* Voilà, selon toute apparence, la troisième classe.

— Et la dernière, mon très jeune ami, mais non la moins importante. Duroc et vous, vous n'aurez pas, durant le cours de votre vie, trop de toute votre raison, de toutes vos connaissances, pour répondre aux mille pourquoi dont les conversations les plus familières multiplient les occasions, sans compter ceux qu'on se pose à soi-même dans la solitude de sa pensée. Je ne sais quel secret instinct avertit les hommes, même les moins cultivés, que la recherche du pourquoi, c'est-à-dire de la cause, de la fin des choses, est le privilège de la créature raisonnable, et qu'y renoncer ce serait renoncer au plus noble emploi de l'intelligence. On le sait, on le sent, et chacun, à l'envi, d'interroger ou de répondre, qui d'après son savoir, qui d'après son caprice ou son ignorance. On se tait quand il s'agit du comment des phénomènes, et on abandonne en général aux savants le droit et le soin d'en traiter ; mais s'il s'agit du pourquoi, chacun s'estime capable et se proclame compétent. Aussi que de vérités et d'erreurs, de vues sublimes et de futiles explications, que de paroles profondes et de vains discours à propos des questions les plus graves sur lesquelles chacun veut dire son mot et placer son avis, qu'il les ait ou non étudiées ! On pourrait croire que c'est le domaine commun des sages et des fous : c'est là du moins qu'ils se rencontrent tous les jours.

— Serait-ce, mon Père, folie ou sagesse de nous demander pourquoi Dieu a créé la matière et quelle place elle occupe dans les desseins de sa Providence ? Nous sommes assez compromis pour ne pas être effrayés par une audace de plus. Tant de problèmes que nous avons abordés en une heure ne nous permettent pas de reculer devant celui-là. Nous ne saurions, de Serre et moi, nous préparer trop tôt à satisfaire la curiosité d'autrui et notre propre désir de savoir. Pourrions-nous d'ailleurs, dans une question plus difficile, trouver un guide plus sûr ?

— Le guide est plein de bon vouloir, mais la route est longue : nous aurons à peine le temps de la reconnaître et d'y faire les premiers pas.

— Ce sont les seuls qui coûtent, dit le proverbe. Une fois entrés nous irons de l'avant, et nous nous dirigerons nous-mêmes.

— Auriez-vous, de Serre, entrevu déjà quelque secrète ouverture, quelque passage connu de vous seul par lequel vous espérez nous conduire ? On pourrait le supposer à la confiance de votre langage.

— Assurément, mon Père, et il ne m'a fallu pour cela que remonter au point de départ de notre entretien. J'admets donc que la véritable source de nos plaisirs et de nos peines est au-dedans de nous, au plus intime de notre âme. Du moins, pour s'ouvrir, a-t-elle besoin d'un choc si léger qu'il soit, et ce choc n'est-ce pas du dehors qu'il lui vient le plus souvent ? Or, ce dehors aux aspects si variés, aux formes si différentes, c'est partout, c'est toujours de la matière. C'est elle qui en fait les frais, qui en renouvelle le fonds à mesure qu'il se dépense.

— En sorte, mon ami, que la matière nous rendrait ce premier service d'éveiller en nous le plaisir et la souffrance, d'être l'occasion nécessaire de l'une et de l'autre.

— Sans aucun doute.

— Mais, à ce compte, mon Père, et en partant du même principe, elle posséderait encore un autre privilège bien supérieur au premier, de Serre en conviendra. Que serait en nous la raison, sinon une faculté à jamais endormie, inconnue d'elle-même, si le monde sensible, c'est-à-dire la matière ne venait à chaque instant l'exciter, l'animer, lui procurer, avec l'occasion d'agir, les matériaux sur lesquels s'exerce son action. La pensée réduite à un seul terme n'est plus la pensée, en tout cas ce n'est point la pensée propre à l'homme. Or, si le premier de ces deux termes nécessaires lui vient de notre âme, qui donnera l'autre, sinon la matière ? La source du plaisir n'attend, dit-on, qu'un faible choc pour s'ouvrir et s'épancher : la lumière de la raison n'attend pas moins le secours des objets extérieurs pour manifester son éclat et prendre conscience d'elle-même.

— Courage, mes enfants, nous montons, nous nous élevons : c'est la meilleure preuve que nous faisons, tout en l'improvisant, d'excellente philosophie.

— Nous ne sommes pas encore au sommet,

mon Père, et Duroc n'a pas tout dit, si j'en crois je ne sais quelle douce émotion où la pensée a sa part, émotion qu'il est malaisé de définir, mais qui me domine tout entier quand je m'abandonne, dans cette solitude, au charme puissant de la nature. C'est de la matière, sans doute, que cette source et son murmure, que ce tapis de gazon tout émaillé de fleurs, que ces arbres qui se dressent dans leur majesté, que ces tiges flexibles qui s'inclinent au moindre souffle, que ces feuilles émues et calmées au même instant, que ces rayons de soleil qui se glissent là-bas à travers les fourrés épais, mais cette matière porte et mérite un autre nom. Sous celui de nature elle fait plus que provoquer en nous le plaisir ou la pensée, que venir en aide au pouvoir tout intérieur mais d'abord inactif de sentir ou d'entendre, elle donne à l'amour du beau qui dormait au fond de notre âme, la première émotion qui l'éveille, le premier objet qui l'enflamme. Sans matière point de nature, point d'art, point de poésie, rien qui soit capable de purifier le plaisir, d'élever la pensée, de donner à l'amour du beau l'aliment qu'il réclame.

— Comblons, mes amis, comblons sa louange, et puisque, grâce à elle et à l'influence de cette délicieuse retraite nous sommes en veine de poésie, disons tout ce qu'elle est, tout ce qu'elle fait pour l'esprit auquel on s'efforcerait en vain de l'opposer ou de la ramener, puisque tant de biens précieux découlent pour nous de leur distinction réelle et de leur étroite union, puisque nous devons à leur concours ce qu'il y a de meilleur et de plus pur dans le plaisir, la pensée et l'amour. Achevons ensemble, car vous l'avez commencé, un hymne en son honneur. C'est Dieu que nous louerons dans l'harmonie de ses œuvres, dans les rapports qu'il a établis entre tous les êtres et toutes les choses, rapports si parfaits, si constants, si bien ménagés, surtout quand il s'agit de l'esprit et de la matière, que plusieurs ne considérant que leur intime union et cessant d'apercevoir leurs différences sont tentés de les confondre.

Est-il possible, mes enfants, qu'une seule partie, un seul point de l'œuvre divine ne porte pas la marque de son auteur? La matière elle-même n'est-elle pas, au-dessous du monde des purs esprits, après tant de merveilles invisibles pressenties par la raison de l'homme, mais cachées à ses regards dans les profondeurs de l'immensité, le dernier reflet de sa lumière, et comme un rayon perdu de ce soleil de vérité dont les moindres traits ont encore quelque chose d'immortel et de divin?

Si le monde matériel n'est pas fait directement

à l'image et à la ressemblance de Dieu, est-il donc dépourvu de tout rapport avec ses perfections ? Loin de là : de quelque côté qu'on le considère, à quelque point de vue qu'on se place pour l'étudier, partout la marque de l'ouvrier apparaît sur son ouvrage. Il est divisible dans ses éléments et ses parties : voilà jusque dans son sein le nombre et les lois immuables du nombre. Les corps qui le composent se ramènent sans exception à des figures régulières, et voilà sur lui le sceau de l'éternel géomètre. Dieu a mis quelque chose de son unité dans l'unité de son plan, quelque chose de sa simplicité dans la simplicité de ses lois. A son tour l'inépuisable richesse de ses attributs se reflète dans la variété infinie des corps et de leurs combinaisons. Pour mieux montrer que l'amour en est la source, il a décrété que l'amour en serait la loi suprême, que depuis l'immensité des astres jusqu'à la poussière des germes, il présiderait à tous ses mouvements, qu'il ne serait pas moins nécessaire à un acte de vertu qu'à la création d'un monde. Comme il est beau d'une beauté parfaite, il a voulu que la matière, elle aussi, fût belle d'une beauté empruntée, pour que l'homme, en la contemplant, sentît naître ou se ranimer en lui le goût de l'ordre, l'amour du beau. Dès lors elle n'est plus seulement la matière, elle est la nature, c'est-à-dire la matière ordonnée, organisée, parée au-dehors de grâces et d'attraits, animée au-dedans d'un souffle de vie, la nature purifiant le sentiment, éveillant la pensée dans la créature raisonnable, l'élevant par mille appels retentissants ou discrets au souvenir et à l'amour de son auteur.

N'est-il pas vrai, mes amis, qu'au sein de cette nature calme et riante, je ne sais quel sentiment de paix s'insinue doucement dans notre âme, et la paix n'est-elle pas, avec le recueillement qui la suit, un premier appel de Dieu? Élevez vos regards vers le ciel, et l'immensité de l'espace, la majesté du soleil ne tarderont pas à ranimer en vous son idée qui languissait. Abaissez-les vers la terre, et vous l'y verrez multiplier les formes de l'existence, de la vie et de la beauté. Les infiniment petits, non moins que les infiniment grands, vous rappelleront sa puissance et sa bonté. Mais d'où vient que vous pensez et sentez toutes ces choses? D'où vient que la paix de la nature devient peu à peu la paix de votre âme, que la beauté de la nature inonde votre âme d'une douce joie? N'est-ce point par l'intermédiaire des sens que ce commerce mystérieux s'établit, que la matière communique avec l'esprit? Mais, à leur tour, les sens peuvent-ils se séparer de leurs organes, et les organes des sens sont-ils autre chose que de la matière soumise à toutes les lois de la matière?

Nous touchons à la dernière réponse que provoque dans l'ordre purement humain, sans parler des merveilles de l'ordre surnaturel et des ineffables mystères du Verbe incarné, cette question : pourquoi la matière? à quelle fin a-t-elle été créée? La réponse est désormais facile, à ne considérer que ce petit coin de la création où nous sommes placés : c'est pour qu'il y ait des hommes, pour que vous et moi nous soyons des hommes, c'est-à-dire ni purs corps, ni purs esprits, destinés à glorifier Dieu par notre double nature, capables, grâce au concours de la matière et de l'esprit, de la raison et des sens, de nous maintenir dans deux mondes différents, de pénétrer dans l'un et dans l'autre, de jouir de l'un et de l'autre, de grandir dans le plus élevé avec le secours que le moindre nous procure à chaque instant.

Les deux jeunes gens témoignaient par leur attention que ces paroles, loin de les surprendre, répondaient aux secrètes dispositions de leur âme et qu'ils prenaient plaisir à les entendre. Toutefois le Père ne crut pas, et avec raison, qu'il fût sage d'insister sur des réflexions aussi sérieuses, et il résolut d'abréger.

— Et pourtant, continua-t-il, après un moment

de profond silence à peine troublé par le murmure du ruisseau et le bruissement des feuilles au sommet des grands arbres, et pourtant ne vous fiez pas trop, mes amis, à ce doux sourire de la nature, et ne croyez pas qu'elle l'ait réservé pour vous seuls. Elle n'est pas si constante en ses faveurs, elle ne donne rien pour longtemps, elle ne donne rien pour toujours. A bien d'autres qu'à vous elle a prêté déjà la vie et les aliments de la vie, tout ce qu'il faut pour former l'âme, la purifier et l'éclairer. Ils ont usé de ses dons comme ils ont su, comme ils ont voulu : à nous d'en profiter aujourd'hui. Le jour de demain réserve à ceux qui nous suivront le même sourire et les mêmes bienfaits. Toujours prévenante et jamais lassée, la nature offre libéralement aux générations qui se succèdent les moyens de conquérir une vie plus parfaite par le bon usage d'une vie inférieure : le reste dépend de notre bon vouloir.

Cherchez dans la suite, mes chers enfants, si vous y trouvez quelque plaisir ou quelque profit, quels sont au juste les premiers éléments des choses, comment ils s'agrégent ou se combinent pour former tous les corps de la nature; abordez, si vous l'osez, la question de l'essence de la matière, ou revenez sur celle du pourquoi et des raisons de son existence : nous n'en avons dit, en passant, qu'un mot bien court. Mais à quelque étude que votre esprit s'applique, n'oubliez pas notre conclusion dernière, et que la perfection de votre âme soit, par-dessus tous les buts inférieurs, le but suprême de vos études et de vos entreprises. Méfiez-vous de la métaphysique, de la philosophie, de la doctrine, quelle qu'elle soit, qui, directement ou indirectement, n'agit pas sur la matière pour l'ennoblir, qui ne fait pas servir la matière à purifier en nous la matière, qui aspire à rendre ses adeptes plus savants sans les rendre meilleurs : elle est incomplète ou fausse.

Et pour fixer ces leçons dans votre esprit, pour les graver sûrement dans votre mémoire en leur donnant une date et un lieu, c'est-à-dire un droit sur l'espace et le temps, rappelez-vous qu'elles vous furent proposées par un maître dévoué à vos intérêts, qui avait moins de savoir que de bon vouloir, dans une prairie qu'entourait le salutaire ombrage d'un bois épais, en la fête du roi saint Louis. Peu d'hommes aussi bien que lui ont fait servir la matière aux œuvres de l'esprit et la faiblesse du corps à la grandeur de l'âme.

―――

— On sait ce que devinrent les deux jeunes gens et comment ils répondirent aux espérances de leur maître. Des mains pieuses ont élevé à la mémoire du comte Hercule de Serre un monument impérissable (1). Deux écrivains parfaitement renseignés ont raconté, à quelques mois de distance, sa vie parlementaire et politique (2) La belle âme du fils et du patriote se fait voir tout entière dans ses Lettres, son éloquence dans ses Discours, autant qu'elle y peut revivre séparée de l'accent du cœur et du charme de la parole, sa pénétration d'esprit, sa prudence et sa fermeté dans les lois qu'il a défendues, dans les actes qu'il a provoqués. Tour à tour avocat, magistrat, orateur, ministre, diplomate, il a, dans les emplois les plus modestes comme dans les plus hautes fonctions, montré le même désintéressement, la même constance au travail, le même dévouement aux intérêts publics. L'amour de la patrie, le sentiment du devoir ont inspiré toutes ses résolutions et soutenu son courage dans les rudes épreuves de la vie. La religion l'a fortifié dans le dernier combat : il est mort comme il avait vécu, en chrétien sincère.

Moins heureux que son camarade d'enfance,

---

(1) Publication de sa correspondance par son fils, 4 vol. in-8°, de ses discours, 2 vol.

(2) M. Charles de Mazade dans la *Revue des Deux-Mondes*, M. Charles de Lacombe dans le *Correspondant*.

Duroc attend encore un historien. Sa vie, qui fut celle d'un soldat, se distingue pourtant par des traits qui lui sont propres ; on ne saurait la confondre avec celle de tant de généraux et de maréchaux qui n'ont paru que sur les champs de bataille. Si son courage héroïque dans la tour de Jaffa rappelle celui des anciens preux, si sa belle conduite et sa présence d'esprit à Saint-Jean-d'Acre, à Aboukir, au passage du Tessin, à Austerlitz, à Essling, dans toutes les campagnes de la République et de l'Empire, l'élèvent à la hauteur de ses plus illustres compagnons d'armes, il a d'autres titres encore à notre reconnaissance. Diplomate heureux autant qu'habile, favorablement accueilli à Berlin, à Vienne, à Saint-Pétersbourg, à Copenhague, à Stockholm, à Madrid, dans la plupart des cours d'Allemagne, il a disposé les esprits et aplani les voies pour la conclusion des traités les plus importants. Sa bonne grâce, mais surtout sa droiture et sa franchise lui ont valu partout des amis fidèles. Il fut celui de Napoléon, il le fut jusqu'à l'intimité la plus complète et la plus constante : ce trait suffirait à l'éloge de son caractère. Ce qu'il a prévenu de fautes, adouci d'ordres impérieux, calmé de ressentiments, obtenu de délais salutaires, ceux-là seuls le savent qui en ont profité : la grande histoire n'en dira jamais rien. Elle ne s'occupe guère que des faits éclatants : les vertus discrètes s'enveloppent d'un silence qu'elle est inhabile à pénétrer.

Quand on voudra former des âmes viriles sur des modèles français, au lieu de copier maladroitement les Anciens, peut-être on pourra réunir dans deux vies parallèles, à la façon de Plutarque, Duroc de Brion et Hercule de Serre. Les traits communs ne manqueront pas malgré la différence des aptitudes et celles des carrières. Nés dans les mêmes lieux, nourris dans la même École, ils appartenaient l'un et l'autre à d'anciennes familles plus riches d'honneur que de fortune, comme la Lorraine en comptait alors un grand nombre. Mêmes exemples, mêmes vertus au foyer domestique, même tendresse vigilante et forte. Ces affections de la famille entretenues avec un soin pieux sont demeurées jusqu'au dernier jour un trait commun de leur caractère. De Serre mourant est moins préoccupé de lui-même que des siens ; Duroc mortellement frappé trouve encore la force de recommander à Napoléon sa jeune femme et sa fille.

Au sortir de l'École militaire les différences s'accusent. Le père de Duroc renonce un des premiers à son titre de noblesse, Hercule de Serre, encore trop jeune pour avoir une volonté, est entraîné par sa famille dans une direction contraire et va rejoindre l'armée de Condé. Plus tard l'émigré et le soldat de la République se retrouvent serviteurs du même Empire, mais avant tout de la France, l'un dans les tribunaux, l'autre dans les armées. De Serre devient premier président de la Cour impériale de Hambourg, en attendant que la Restauration en fasse à deux reprises un garde des sceaux. Duroc sera duc de Frioul et grand-maréchal du palais. Chez tous deux, à cette époque difficile et dans les missions les plus délicates, égal respect de l'honneur, de la conscience et des droits des vaincus. Ils demeurent, dans la fortune la plus haute, ce qu'ils étaient au début de leur carrière, simples, modestes, d'un accès facile, sévères à eux-mêmes, indulgents à autrui, empressés à servir tous ceux qui leur recommandent une juste cause. Durant quinze années de faveur constante, Duroc ne s'est pas fait un ennemi. De Serre, qui n'en a pas eu davantage dans la vie privée, a souvent désarmé ceux de la monarchie qu'il servait. Chez l'un et chez l'autre probité sans tache, au-dessus du soupçon, désintéressement sans défaillance. Duroc conjure l'empereur d'annuler l'ordonnance qui le nomme major-général : « Berthier en mourrait, sire, je ne puis accepter », et il obtient, à force d'instances, que le brevet soit déchiré sous ses yeux. Deux fois de Serre sacrifie sa fortune, ses espérances, l'avenir des siens, à ses convictions, et descend du pouvoir où il ne pouvait plus demeurer sans les trahir.

Je n'ai point parlé des avantages extérieurs : ils étaient chez les deux camarades d'enfance non seulement un don de la nature fort généreuse à leur égard, mais aussi le reflet d'une belle âme : ils n'ont pas nui à leur brillante fortune. Celle d'Hercule de Serre doit à l'éloquence et à son charme vainqueur un couronnement qui a manqué à celle de Duroc. Les annales de tous les peuples comptent un grand nombre de généraux illustres, et la valeur est une vertu commune. L'éloquence est infiniment plus rare, et quand elle se dépense au service des nobles causes, de la justice et de la liberté, elle est bien ce qu'il y a de plus grand dans le monde. Il manquait à leur vie, surtout à celle de Duroc, la décisive épreuve de l'adversité. Ce dernier trait de ressemblance est venu en son temps et trop tôt pour la France à laquelle, dans les crises les plus redoutables, ils auraient rendu de signalés services. Ils sont morts tous deux sur la terre étrangère, dans la force de l'âge, emportés par un coup soudain, au lendemain de grandes défaites et à la veille de celles que prévoyait leur patriotisme trop clairvoyant.

Pendant qu'ils combattaient, pendant qu'ils

souffraient, agités ici-bas par la bonne et la mauvaise fortune, plus tard à l'heure où, libre enfin, leur âme se dégageait de son enveloppe matérielle pour jouir d'une lumière et d'une paix que la terre ne connait point, un modeste Religieux les suivait sans cesse du souvenir et les accompagnait de sa prière. Longtemps encore il continua, dans sa paisible retraite, à former pour la patrie qu'il aimait de toute son âme des hommes sensés, savants et religieux. Il ne croyait pas que, dans l'intérêt de sa sécurité et de sa prospérité, le nombre en pût être jamais trop grand, ni qu'on dût rien épargner pour une si belle œuvre. Il s'y dévoua, pour sa part, jusqu'au dernier jour de sa longue et laborieuse carrière.

UNE JOURNÉE A DOMREMY.

(4 OCTOBRE 1877.)

— Peut-on bien se dire Français, Lorrain, ami de Jeanne d'Arc, et n'avoir pas encore visité Domremy ? —

Ce reproche que je m'étais adressé plus d'une fois déjà, agit assez fortement sur mon esprit le 3 octobre 1877, pour me faire prendre le lendemain matin, six heures à peine sonnées, le train qui conduit de Bar-le-Duc à Pagny-sur-Meuse La journée s'annonçait comme devant être des plus belles et elle tint jusqu'au bout ses promesses : pas un nuage au ciel, tout juste assez d'air pour tempérer la chaleur qui, sur le midi, devint assez forte. Quant aux matinées, elles étaient, depuis huit jours, non seulement fraîches mais glaciales; des froids précoces avaient, sur plusieurs points, dépouillé les vignes de leurs feuilles et compromis la vendange. Mais ce n'est point de quoi je m'occupais pour le moment. En effet, à peine monté en wagon je me demandai pourquoi j'étais là et où j'allais. Le respect humain, si j'en avais eu tant soit peu, ne pouvait pas murmurer à mon oreille : « Que vas-tu faire dans ce pèlerinage avec des prêtres, des femmes et des enfants? » Outre que la compagnie ne m'eût point semblé si mauvaise, on ne saurait avec la meilleure volonté du monde, constituer à soi seul un pèlerinage. Toutefois l'esprit de doute, auquel nul n'échappe dans notre siècle, me souffla ces objections auxquelles l'esprit de foi et le bon sens n'eurent pas de peine à répondre :

— C'est donc pour faire mémoire d'une enfant que tu t'es dérangé si matin.

— Cette enfant a sauvé la France, elle est morte pour elle.

— La France n'a-t-elle pas eu d'autres serviteurs?.....

— Pas d'aussi dévoués.

— Des guerriers, des magistrats, des politiques?

— Ils n'ont pas fait pour elle ce qu'a fait cette jeune fille.

— N'ont-ils pas étendu ses frontières, glorifié

son nom, protégé les Lettres, les Sciences, les Arts, embelli sa capitale ?

— Sans Jeanne d'Arc rien de tout cela n'eût été possible; sans Jeanne d'Arc il n'y aurait point de France.

— Qui croira qu'une pauvre paysanne ait, à elle seule, accompli ce prodige ?

— A elle seule...... je ne l'ai jamais cru : c'est bien pour cela que je vais à Domremy.

— Tu y vas donc comme les chrétiens à Bethléem ?

— Le berceau d'un Dieu n'est pas à comparer à celui d'une mortelle ; et toutefois, après le berceau d'un Dieu il n'en est point qui vaille celui d'une sainte, il n'en est point, pour un Français, qui vaille celui de Jeanne d'Arc.

— Sainte, l'est-elle bien ?

— Il y manque le jugement de l'Église, je le sais, mais nous avons déjà la voix du peuple, nous avons l'histoire de sa vie. Le jugement de l'Église viendra plus tard, pour tout couronner.

— La patrie, l'Église, tout cela est bien vieux, l'Église surtout.

— Elle n'a jamais été plus vivante.

— La patrie elle aussi a bien changé. Elle ne vit plus des mêmes principes.

— Les peuples vivent-ils d'autre chose que de sacrifice et de dévouement !

— Faut-il compter pour rien ces éléments nouveaux, la richesse, le luxe, l'industrie?

— Ce ne sont pas ceux-là qui nous rendront plus forts. C'est quand ils se développent, c'est pour leur faire contre-poids qu'il faut rappeler les exemples d'héroïsme. C'est l'heure ou jamais d'honorer Jeanne d'Arc; son exemple empêchera nos dernières vertus de mourir, et ces vertus mortes il n'est plus de patrie.

Pleinement rassuré sur le but de mon voyage je continuai d'admirer la riante vallée de l'Ornain, sans prendre part à la conversation qui, autour de moi, s'animait de plus en plus. On était à la veille des élections : c'est assez dire qu'il s'agissait de politique, et que chacun sauvait la France à sa manière qui n'était celle d'aucun autre. Je m'abstins dans le sentiment profond de mon insuffisance. Aussi bien ne suis-je, en chiffres ronds, que la dix-millionième partie du Souverain, pour employer une expression chère à Jean-Jacques.

De la politique on était bientôt passé, par les voies ordinaires, aux réformes sociales, puis aux questions religieuses. Comme résumé de tous ces discours qui n'avaient guère cessé de la station de Nançois à la gare de Commercy, celui de mes voisins qui avait tenu le dé de la conversation et parlé le plus haut conclut avec une certaine solennité, au moment de descendre, « qu'encore un petit nombre de progrès et d'inventions, la terre serait un vrai paradis, et celui-là vaudrait bien celui des curés. »

Un brave paysan qui avait écouté sans mot dire, mais aussi sans rien perdre d'une si utile conversation, attendit à peine que l'orateur fût sorti du wagon :

« Tas de parleurs, s'écria-t-il en se tournant vers moi dont le silence lui avait paru de bon augure, tas de phraseurs ! En voilà un beau des paradis ! Qu'ils regardent donc nos vignes ! Deux gelées de suite : plus une feuille, et le fruit qui n'en vaut pas mieux. On voit bien qu'ils n'en ont pas, eux, des vignes, et guère plus de blé, je parierais bien. Qu'on a failli mourir de chaleur pour rentrer, quoi ! de la paille, oui, monsieur, rien que de la paille par l'effet d'un coup de soleil. Si le Bon Dieu avait voulu que la terre soit un paradis il aurait pris ses mesures pour cela : ni trop chaud, ni trop froid, vent et pluie à volonté, pas de maladie, pas de grêle, pas de gelée, pas d'incendie, pas d'inondations. Les curés ? mais ils ont cent fois plus d'esprit que vous tous ! Qu'est-ce qu'ils disent ? Qu'il faut suivre son petit chemin tout bellement, sans faire tort à personne, donner ce qu'on peut, bien garder ce qu'on a, cultiver vos petits héritages, donner de la religion à ses enfants, et puis qu'après tout, s'il y a du mal, ça ne durera pas toujours et que le Bon Dieu n'a pas donné sa démission. J'en serions bien fâché qu'il n'y ait pas un autre monde, que j'avons ben trop de maux dans celui-ci, et qu'ils n'empêcheront pas qu'il y en ait, si tant qui z'y mettent de télégraphes et d'inventions. »

Mon voisin avait réuni tout son savoir pour exprimer ses doléances en français plus ou moins correct : l'habitude fut plus forte que son bon vouloir. Son patois francisé devenant de plus en plus difficile à comprendre et sa verve s'épuisant peu à peu, la conversation languit tandis que nous traversions les vastes prairies qui s'étendent de Commercy à Pagny-sur Meuse : c'est à cette station qu'on quitte la grande ligne de l'Est.

Quelques minutes plus tard nous avions changé de train et nous nous avancions, cette fois directement, vers Vaucouleurs, Domremy, Neufchâteau. Nous étions sur les terres de Jeanne d'Arc, dans un pays tout plein de son souvenir : comment ne point parler d'elle. Le premier qui ouvrit le feu fut un jeune homme fort aimable qui, en compagnie de sa femme et de sa sœur, se rendait de Saint-Mihiel à Vaucouleurs pour visiter des amis de sa famille. Bientôt la conversation devint générale et chacun y mit tout ce qu'il avait de patriotisme et de savoir. J'appris, non sans plaisir, que le concours au berceau de Jeanne s'était bien accru depuis nos malheurs : l'élan était donné, il grandissait chaque jour. Notre jeune Meusien recueillant ses souvenirs classiques nous rappela que Cicéron s'était pris d'une belle passion pour la patrie des grands hommes, qu'il aimait à visiter les lieux où ils étaient nés, où ils avaient vécu, pensé, parlé, enseigné. C'est dire que les pèlerinages datent de loin et qu'ils peuvent se recommander d'autorités considérables. L'instinct des peuples, plus fort que tous les mauvais raisonnements, les rappelle, à l'heure des cruels désastres, à ces berceaux glorieux où l'on croit toujours que la patrie va renaître, où elle a laissé quelque chose d'elle-même et de son âme. C'est un grand malheur quand les nations dédaignant leur passé voudraient se persuader qu'elles datent d'hier. Si grands que soient ces grands arbres, ils mourront bientôt s'ils laissent mourir leurs racines ; le moindre orage aura raison de leur jactance, et ils joncheront de leurs débris la terre qui aura cessé de les nourrir.

Comme nous approchions de Vaucouleurs, on parla d'une société fondée depuis une année à peine pour recueillir tous les souvenirs relatifs à Jeanne d'Arc et restaurer les monuments élevés en son honneur. Le curé de Vaucouleurs, prêtre actif et intelligent (1), s'employait, avec un grand zèle, à cette œuvre patriotique. Le bourg où Jeanne d'Arc fut conduite (1428) au sire de Baudricourt par son oncle Durand Laxart, et où commence, à proprement parler, sa mission, est devenu une petite ville d'un aspect fort agréable. Çà et là quelques traces de remparts rappellent les luttes d'autrefois, mais jardins et maisons franchissent à l'envi l'ancienne enceinte qui ne tardera pas à disparaître.

Un Père Dominicain de la maison de Nancy était devenu, depuis Pagny-sur-Meuse, notre compagnon de voyage, mais il semblait qu'on dût peu compter sur lui pour animer la conversation. A partir de Vaucouleurs nous nous trouvâmes seuls, en face l'un de l'autre, et moins ennemi du paisible dialogue que de la conversation bruyante le bon Père s'empressa de répondre à mes questions. Il allait instituer dans un village voisin de Domremy la confrérie du Rosaire : sa courte station ne devait pas dépasser trois jours. Je ne sais rien de son éloquence, mais j'ai pu apprécier son

---

(1) M. l'abbé Raulx, connu des savants et des théologiens par des travaux justement estimés, et en particulier par la traduction française de saint Augustin qu'il a dirigée et à laquelle il a pris une grande part.

patriotisme et son bon sens. Il jugeait sans parti pris les hommes et les choses dont on s'occupe le plus aujourd'hui. Si l'avenir lui inspirait de sérieuses inquiétudes, il l'envisageait toutefois avec le ferme courage d'un homme qui, se rappelant le passé, ne saurait désespérer de la France.

« Dieu, disait-il, ne veut point perdre ceux qu'il afflige par de telles épreuves. S'il avait cessé de nous aimer, s'il voulait notre ruine, il n'avait, au lieu de nous châtier, qu'à nous laisser à nos vices : ils auraient, en peu d'années, rendu toute guérison impossible. C'est quelque chose de sentir son mal : nous ne savions plus rien du nôtre. Laissons dire que nous sommes en plein chaos ; ce chaos c'est le pénible enfantement de la vie, c'est l'effort pour renaître : voudrait-on qu'il fût sans douleur ! Il n'est point d'époque si prospère où l'homme ne travaille et où il ne souffre. Les nations seraient-elles dispensées de cette loi, surtout quand il s'agit de relever leur fortune détruite, leurs espérances confondues ! »

Quelques instants plus tard, comme nous parlions de Jeanne d'Arc, le Père reprit en ces termes : « Les hommes s'imaginent volontiers que Dieu répétera, pour les sauver, les prodiges dont il a favorisé leurs ancêtres. Ils sont toujours surpris que l'histoire se fasse autrement qu'elle ne s'est faite, et leur raison n'est jamais si courte que dans la prévision de l'avenir. Nos prières demandaient au ciel une Jeanne d'Arc ; quelques-uns l'appelaient publiquement de leurs vœux, ils se plaignaient qu'elle n'eût pas encore paru. On voulait l'héroïne : voulait-on de sa simplicité et de son dévouement, voulait-on de ses vertus ? Combien peu d'entre nous songeaient que si Jeanne avait, au quinzième siècle, arraché la France au joug de l'étranger, Dieu nous avait laissé son exemple ! Quand il prend la peine de former de telles âmes, d'unir en elles la force à la douceur, la candeur à l'intelligence, la pureté des anges au courage des héros, il ne les forme pas seulement pour un siècle et pour une œuvre particulière, il les propose en exemple à toutes les générations à venir. Que nos concitoyens, que toutes les Françaises imitent les vertus de Jeanne, qu'elles s'en inspirent et les fassent germer dans l'âme de leurs enfants, et jamais ennemi, si fort qu'il soit, ne triomphera de notre constance. Demeurons la première des nations chrétiennes et nous serons toujours la grande nation. »

Depuis Vaucouleurs le paysage, sans changer entièrement d'aspect, prête à des impressions d'un autre ordre. Les collines semblaient parfois s'abaisser, s'éloigner, et l'horizon tour à tour reculant dans le lointain des prairies ou s'arrêtant à la lisière de quelques bois épars sur les hauteurs, le vague sentiment qui a sa source dans l'idée de l'infini reprenait sur moi son empire. J'avais tout le loisir de m'y abandonner dans la solitude où m'avait laissé le départ du Père. Est-ce notre âme qui prête à la nature et lui fait parler son langage, ou est-ce la nature qui dispose notre âme et l'incline à son gré : toujours est-il que si les hommes peuvent penser partout les mêmes vérités, leur manière de sentir varie avec les contrées qu'ils habitent. Dans les vastes prairies de la Haute-Meuse, en vue de ces horizons qui tantôt se rapprochent et tantôt semblent fuir, l'âme, déjà préparée par les souvenirs de l'histoire, ressent je ne sais quelle émotion douce et mélancolique. Ce n'est point la rêverie sans but, ce n'est point la pensée avec sa précision, c'est bien plutôt l'union des meilleurs sentiments dont notre nature est capable et que domine une pieuse reconnaissance. L'esprit est partagé entre la douleur et la joie, car du berceau de Domremy au bûcher de Rouen la distance fut bien courte. La patronne de Paris, Geneviève, a vécu près d'un siècle, Jeanne d'Arc vingt ans à peine. Des deux bergères auxquelles la France est si redevable, l'une s'est paisiblement éteinte après de longs jours remplis d'œuvres pacifiques, l'autre a conquis sa couronne dans l'espace de deux années.

O Dieu qui avez fait le temps, vous avez bien le droit de le mesurer à vos créatures! Vous agissez à votre gré, lentement ou rapidement, vous sauvez en un siècle ou en un jour, vous créez, pour nous servir d'exemple, des âmes d'une beauté incomparable, et vous prolongez ou vous abrégez ici-bas leur épreuve pour nous initier à la pratique de toutes les vertus, de la constance qui a besoin du temps, de l'héroïsme qui n'a que faire de lui. Tout ce que nous savons et voyons clairement, c'est que votre bras s'est levé plus d'une fois en notre faveur, et qu'où les forts ne pouvaient rien les faibles ont, grâce à vous, triomphé. C'est bien notre faute, si nous ne comprenons pas que la vertu seule peut sauver les peuples, et que toute vertu vient d'en-haut.

La station à laquelle on descend porte le nom de Maxey-Domremy : c'est dire assez qu'on approche, mais on n'est pas encore au but. Il faut, pour y parvenir, ou bien prendre à droite une route large et commode, mais assez longue, ou couper au court à travers la prairie : c'est le dernier parti que je préférai. J'en demande pardon à ceux qui, sous prétexte de nous conduire sûrement à la victoire, nous ont enseigné, depuis sept ans bientôt, tant de géographie, mais j'avais un tel désir de voir la Meuse que je pris d'abord pour elle un de ses affluents, ruisseau de quelque étendue qui la rejoint deux kilomètres plus bas. Le pont rustique et délabré sur lequel je franchis le Vair me fit revenir de mon erreur. La vraie Meuse coule doucement à l'autre extrémité de la prairie, et celle-ci n'a pas à se plaindre d'être si bien entourée. Tout en la traversant, j'essayais de distinguer quelque chose et de reconnaître la demeure de Jeanne. Vains efforts! car, à défaut d'indications précises, je cherchais bien loin à droite et à gauche, ce qui était devant moi. A peine, en effet, a-t-on, au sortir de la prairie, franchi le pont qui donne accès dans le hameau, on se trouve en face de l'église et à deux pas de la maison.

L'église, la maison de la Pucelle : deux souvenirs qui se touchent dans l'espace et dans l'histoire, aussi intimement unis l'un à l'autre que sa mission le fut à sa foi, que la patrie l'est, dans tous les temps et chez tous les peuples, au sentiment religieux! La maison de Dieu est ici basse, petite, assez mal éclairée, mais si pleine de souvenirs que tout y paraît beau, que tout y parle de Jeanne et de ses saintes. C'est là que s'est formée, sous l'œil de Dieu, dans la solitude et le silence, cette âme droite et pure, c'est là que les enseignements du prêtre ont déposé dans son cœur le germe des courageuses résolutions, dans son esprit les semences d'un bon sens qui étonne les plus hautes intelligences. On songe involontairement à ceux qui, en plein dix-neuvième siècle, parlent de supprimer l'enseignement religieux, et l'on se prend à sourire : il sera beaucoup pardonné à plusieurs, en raison de leur profonde ignorance. Témoin de ses joies les plus pures, la pauvre église le fut plus tard de la douleur et des larmes de ses parents. Ils ont bien mérité eux aussi de la patrie, ces braves paysans, Jacques d'Arc, Isabelle Romée, Durand Laxart, ces hommes de cœur et de foi qui n'ont su que travailler et prier, rendre à Dieu sans murmure ce que Dieu leur avait donné dans sa miséricorde, se consoler en Dieu de l'épreuve cruelle qu'il imposait à leur vieillesse. Aucune gloire ne leur est revenue ici-bas des triomphes de leur fille chérie, ils n'ont partagé que ses douleurs. Orléans, Patay, Reims, tous ces titres glorieux n'ont été, à leurs oreilles, que le murmure confus de noms inconnus, mais leur âme a saigné de toutes les blessures de Jeanne, et devant leurs yeux mourants se dressait encore le bûcher qui consuma toutes leurs espérances. A vous cœurs simples et droits, nobles laboureurs, dignes de servir d'exemple aux fils de la France comme Jeanne d'Arc est le modèle des vraies Françaises, à vous notre cœur doit aussi son tribut de reconnaissance, car les vertus silencieuses ne sont pas les moins fécondes, elles ne sont pas la moindre force de la patrie.

Bien peu d'étrangers ont pu, sans un sentiment de respect, franchir le seuil de l'humble demeure : comment un Français ne serait-il pas ému aussitôt qu'il l'aperçoit! La grille peu élevée et très simple qui sépare l'enclos du chemin, les deux petits corps de logis que la grille relie l'un à l'autre ont été disposés de manière à ce que rien ne lui fît obstacle : on peut, de la route, l'embrasser tout entière. Le jardin qui la précède et celui qui l'entoure du côté de l'église lui font un cadre de verdure. C'est bien la maison rustique qu'on avait rêvée : aucun ornement de mauvais goût n'en a modifié l'aspect. La bonne sœur qui s'était rendue aussitôt à notre appel (un jeune instituteur et sa femme s'étaient présentés à la porte au même moment) est depuis nombre d'années la fidèle gardienne de la maison de Jeanne : celle-ci est devenue peu à peu, dans ses affections, comme la meilleure et la plus chérie de ses élèves. Elle voudrait communiquer ses vertus aux jeunes filles qui fréquentent l'école des religieuses de la Providence : elle la propose à leur imitation, comme on ferait d'une sœur aînée ou d'une élève de choix. Elle en parle dans les termes qu'emploierait une mère, et ces expressions : notre Jeanne, notre chère Jeanne reviennent sans cesse sur ses lèvres. En cueillant, à ma prière, quelques violettes sous la fenêtre même des apparitions, elle ne put s'empêcher de dire : « Ces modestes fleurs, d'un si doux parfum, sont bien l'emblème de notre chère Jeanne. » Mais revenons à la maison.

La crainte des gelées précoces avait transformé la grande chambre où nous pénétrâmes, recueillis et silencieux, en une petite serre où, sur des gradins couverts de fleurs, s'élevait comme du milieu d'une couronne une statuette de bronze, tandis qu'à peu de distance une statue de pierre représente la Pucelle à genoux. La première reproduit l'œuvre de la princesse Marie, l'autre, m'a-t-on dit, celle d'une fille de Louis XI. Au fond de la salle, suspendue à l'une des poutres si souvent entaillées par des visiteurs indiscrets se déploie la bannière que le général de Charette apporta lui-même, il y a deux ans, dans le dessein de la reprendre au premier signal de guerre. Noble hommage rendu à cette fille du peuple, vivante image de la patrie, et dont le souvenir réunit tous les Français dans un même amour.

C'est entre la vaste cheminée et l'unique fenêtre voisine de la porte d'entrée que naquit, en 1412, la libératrice de la France : entourons, nous aussi, son berceau d'amour et de respect, car la cruauté de ses ennemis n'a pu nous les ravir comme il nous a ravi sa tombe. La prière s'élève comme d'elle-même du fond du cœur, tandis que la mémoire parcourt en quelques instants les souvenirs glorieux d'une carrière si courte et si bien remplie. Ici est née l'enfant : dans la chambre voisine a grandi la jeune fille (1). Les poutres un peu plus élevées n'ont pu être entamées par le couteau, et un léger grillage défend contre ses hardiesses l'armoire où Jeanne serrait ses effets : modeste armoire, ou plutôt simple cadre creusé dans la muraille et revêtu de bois dont il ne resterait pas une parcelle sans la sage précaution qu'on a prise. Rien de plus nu que cette pièce assez mal éclairée par sa petite fenêtre, rien de plus riche et de plus brillant quand on songe aux voix célestes qui s'y sont fait entendre, aux apparitions qui l'ont inondée de leur lumière. J'oserais dire qu'on est entré dans le secret de Dieu et dans le mystère de cette vie si étonnante, quand s'approchant de l'étroite fenêtre on voit à quelques pas le chœur de l'église, et qu'on se sent si près du tabernacle. On ne songe guère, en ce moment, à discuter la nature ou la

---

(1) La chambre des frères a, comme celle de Jeanne, son entrée dans la pièce principale qui sert à la fois de cuisine et de *grande chambre* où se réunissait la famille et où couchaient les parents.

réalité des visions de Jeanne, et on ne se pose pas, à l'occasion des voix qu'elle entendit, les questions qu'étudie la science et que tranche l'ignorance : on est tout entier à d'autres sentiments. Qui donc a su compter, de la lumière diffuse de la raison à l'ineffable splendeur de la vision béatifique tous les rayons et toutes les vertus du soleil de vérité ? Qui saura bien nous dire toutes les voix que Dieu fait entendre, en y mêlant sa voix, depuis celle du tonnerre qui gronde, de l'oiseau qui nous invite à le louer par ses chants, du livre ou du maître qui nous révèle ses perfections jusqu'à celle qui, du fond de l'âme, avertit ou reprend chacun de nous, jusqu'à celles qu'entendaient si clairement Socrate et Jeanne d'Arc? Où l'ignorance n'imagine que des doutes et ne voit que des ténèbres, l'intelligence et la foi aperçoivent, dans une hiérarchie sans fin, dans un ordre qui n'admet point de lacunes, des beautés et des harmonies de plus en plus parfaites.

Nous n'avions échangé que peu de paroles à l'intérieur de la maison, tout juste assez pour demander et pour obtenir quelques renseignements relatifs à son histoire : l'instituteur et sa jeune femme n'étaient guère moins absorbés. Et toutefois j'ai retenu du premier un mot bien simple, prononcé sans emphase à propos des honneurs qu'on rend à notre héroïne : « Si l'on cessait d'honorer Jeanne d'Arc, c'est donc qu'on ne saurait plus le prix de la vertu. » Ce jeune maître avait un extérieur doux et prévenant : son nom doit être inscrit sur le registre qu'on ne tarda pas à nous présenter. Sa visite fut d'ailleurs de courte durée, et je me trouvai seul avec la bonne religieuse qui nous servait de guide. Depuis tant d'années qu'elle remplit les fonctions de cicérone on pourrait craindre que ses réponses n'aient quelque chose de monotone et de banal : rien de plus naturel au contraire, rien de plus simple que son langage.

Son cœur s'est donné sans réserve à cette maison, à ces enfants qu'elle élève et qu'elle instruit avec des soins maternels : or le cœur ne vieillit point, et les paroles qui viennent du cœur n'ont jamais rien d'affecté. Tandis que, dans le jardin où nous étions rentrés, elle me donnait quelques détails sur l'histoire de l'église à laquelle on a changé bien peu de chose depuis le quinzième siècle, tandis qu'elle voulait bien cueillir pour moi quelques fleurs d'automne sous la fenêtre de Jeanne ou dans les environs, la conversation suivante s'engagea entre nous :

— Monsieur sait-il comment la maison fut achetée ?

— Je connais le patriotisme des Vosgiens ; ce

n'est qu'une preuve de plus ajoutée à tant d'autres et qui n'a surpris personne. Mais la pensée n'en est pas moins belle d'avoir placé l'école où nous la voyons aujourd'hui, et les jeunes filles près de leur modèle.

— Si elles savaient profiter de tout ce qu'on fait en leur faveur ; mais les enfants sont si légers et ils oublient si vite !

— Quel est, de ce côté de la grille, le petit corps de logis qui correspond à l'école ?

— C'est notre salon d'honneur, Monsieur, c'est le musée de Jeanne et sa bibliothèque. Livres, tableaux, statues, gravures, tout se rapporte à elle et à son histoire. Rien n'y manque, depuis les premiers récits contemporains jusqu'à ceux que Marie Edmée a écrits pour les enfants. Elle a tant fait pour notre chère Jeanne ; elle a si bien montré que sa mémoire pouvait ranimer la source des anciens dévouements. Elle est morte à la peine, la pauvre enfant, morte toute jeune après avoir secouru nos soldats dans les hôpitaux et les ambulances.... Si beaucoup l'avaient imitée....

— Beaucoup l'imiteront, n'en doutez pas.

— Dieu nous épargne de telles guerres, et la douleur de voir ici tant de soldats étrangers !

— Les Prussiens ont-ils donc visité Domremy ?

— Par compagnies entières, Monsieur, et je

dois le dire, à leur honneur, avec un grand respect. Ils n'ont rien enlevé, rien dégradé. Il paraît qu'on leur avait bien parlé de Jeanne dans leur pays, car tous semblaient la connaître. Les étrangers étaient venus déjà, nous ont dit les anciens du village, en 1814 et 1815, mais en moins grand nombre, et ils avaient eu moins d'égards pour la maison. Le dommage fait aux poutres de la grande chambre date de cette époque : tous les chefs voulaient emporter une relique, un souvenir. Croiriez-vous qu'avant tous ces désastres la maison était presque oubliée des Français ?

— Je n'en suis pas surpris : quand les peuples sont heureux ils ne songent pas à leurs gloires nationales : ils se les rappellent dans la mauvaise fortune.

— Quelle différence, Monsieur, entre les premiers qui sont venus et ceux qui nous visitent maintenant ?

— Ces premiers étaient-ils donc plus nombreux et plus pieux ?

— Tout au contraire. On est venu d'abord, avant et après 1830, bien plus tard même, pour honorer la guerrière ; on ne songeait qu'à l'héroïne, pas du tout à la sainte. Je ne sais si l'on priait Dieu, mais on célébrait de joyeux banquets, et le village se ressentait de ces mauvais exemples. Aujourd'hui tout est bien changé ! Ceux qui nous visitent (ils sont de dix à vingt par jour, quelquefois plus nombreux, quelquefois des collèges et des séminaires entiers) sont de bons chrétiens qui se rendent d'abord à l'église, qui ne craignent pas de prier et de manifester leurs sentiments. Si nous jugions de la foi de la France par la leur.....

— Vous pourriez, ma sœur, ne pas vous tromper. La religion ressaisit la société par en haut : elle suivra sa pente, et, comme l'impiété au dernier siècle, elle descendra peu à peu jusqu'aux derniers rangs du peuple.

Mais ce ne sera pas l'œuvre d'un jour....

— Dieu veuille abréger le temps de l'épreuve !

— Dieu veuille multiplier vos visiteurs. Jugez du reste par ceux qui viendront, et la France par le nombre et surtout par la foi des pèlerins de Jeanne d'Arc. Sa mémoire grandira avec le sentiment national, et avec sa mémoire le concours à son berceau. Vous vivrez pour le voir, ma sœur.

— Ma vie est aux mains du Bon Dieu, mais je sens que ma tâche s'avance : elle a été bien douce près de cette chère demeure.

Le lecteur curieux voyant mon récit toucher à sa fin, car je lui fais grâce du musée et de la bibliothèque, des photographies et des gravures, commence peut-être à s'inquiéter et à se demander : « Mais n'y a-t-il point de curé à Domremy qu'on n'en parle pas? » Puis il ajoute plus bas, non sans songer à lui-même et à son futur pèlerinage : « Mais on ne dîne donc pas à Domremy.... » La réponse à ces deux questions serait des plus simples, et si j'osais appeler les choses par leur nom, il serait facile de faire entendre pour quel motif on devait, ce jour-là, dîner fort mal à *l'hôtel de Jeanne d'Arc*, et pour quel motif absolument semblable au premier le curé du lieu ne dînait pas chez lui.

On reproche à Tertullien, dans tous les cours élémentaires de littérature, d'avoir dit et écrit : « Le déluge universel fut la *lessive* du genre humain. » Il faudrait un poète comme Victor Hugo pour faire rayonner tant soit peu ce terme vulgaire et, à plus forte raison, la chose qu'il exprime. Le lecteur intelligent a compris, sans plus d'explication, la cause de ma double infortune. A l'auberge visages de femmes assombris, presque irrités, dès qu'on vit paraître un voyageur : l'esprit et les soins étaient ailleurs. Seul le maître de la maison, fort gros et fort brave homme, fit une manière de bonne contenance : il parla de tout, sauf du dîner, de son gendre l'instituteur, du beau temps qu'on avait depuis quelques jours et dont les femmes s'étaient hâté de profiter. Quand les demandes devenaient trop directes et trop pressantes, il portait la main à sa joue, poussait un petit gémissement et se plaignait amèrement d'une névralgie dont il souffrait depuis quinze jours sans pouvoir la guérir. Le débat, qui faillit aboutir à un refus formel, se termina par un compromis des plus sobres en ce qui concerne la partie solide du dîner. Quant à la boisson, sous les formes les plus diverses, elle ne manque nulle part en France, et ce n'est jamais de quoi il faut se préoccuper. J'eus du moins un dédommagement. Un architecte de Nancy, mieux instruit que moi sans doute vint, avec sa jeune et intéressante famille, demander pour lui et les siens la seule chose qui se trouvât sûrement à l'auberge. Nous parlâmes de Domremy qu'il venait de visiter, mais non pas pour la première fois, de Nancy qu'il habitait, de la Lorraine que nous aimions d'un même amour. Le peuple et les classes moyennes ont, en France, une réserve inépuisable de bon sens et de foi : les mauvais livres commencent à peine à l'entamer. On nous croit légers, mobiles, quand on nous observe en passant : il n'est pas, en réalité, de nation qui oublie moins que la nôtre et soit plus attachée, du fond de l'âme, à sa religion et à ses souvenirs.

Au presbytère accueil très cordial. La sœur du curé se présenta de l'air le plus aimable : elle était désolée, son frère ne le serait pas moins, mais se voyant ce jour-là tant d'ouvrage, elle l'avait envoyé dîner chez un de ses confrères. Que faire, sinon s'incliner devant les exigences de l'économie domestique, et se résigner à son mauvais sort. Je le regrettai d'autant plus que l'aubergiste (1), parmi ses moyens dilatoires, avait intercalé l'éloge de son pasteur : « Ce n'est pas pour dire, Monsieur, mais celui-là c'est un vrai curé d'Ars. » Je le rencontrai un peu plus tard dans le prairie, tout près de la station que j'allais rejoindre : il ne me fallut pas une longue conversation pour reconnaître que l'éloge n'avait rien d'excessif. Son abord inspire le respect et la confiance : c'est bien l'homme le moins soucieux des choses d'ici-bas, ni de savoir où il dînera et de quoi il dînera. Sa paroisse, le soin des âmes, la petite chapelle qu'il voudrait construire au lieu où Jeanne d'Arc aimait à prier, voilà de quoi il s'occupe uniquement.

Il me restait plus d'une heure avant le passage du premier train. J'en profitai pour parcourir le village auquel, à l'exception de la rue et des maisons voisines de la rivière on n'a rien eu chan-

---

(1) J'ai parlé d'un cas exceptionnel : en temps ordinaire on trouve, aux deux restaurants du village, aimable accueil et vivres en abondance.

ger depuis le quinzième siècle. Je gravis ensuite un chemin bordé à gauche par des noyers et qui conduit, par une pente douce, au cimetière du village. De ce point on embrasse, dans une étendue de plusieurs lieues, la belle et large vallée de la Haute-Meuse. Si l'on veut élever à Domremy une statue de Jeanne d'Arc, ce n'est pas dans le hameau, c'est ici qu'il conviendrait, ce semble, de la placer, comme un signal au pèlerin qui s'approche et au voyageur qui, du chemin de fer, s'inclinerait en passant. La maison de Jeanne sera toujours mieux, belle de ses seuls souvenirs, sans que rien la domine ou la défigure, sans qu'aucune pompe voisine de sa simplicité vienne distraire le pieux recueillement des visiteurs. Tout doit être ici simple, modeste, en parfaite harmonie avec la nature qui nous environne et avec les premières années de Jeanne. Qu'on lui élève des statues dans les villes où brilla sa gloire, j'y consens, puisque c'est la faiblesse ou le goût de l'époque, mais qu'on les épargne aux lieux qui n'ont vu que sa timide enfance, ses jeux innocents et ses premières larmes. J'aime beaucoup la pauvre église de Domremy : je l'aimerais mieux encore sans cette statue de bronze qui la précède et ne l'embellit point. Que dit au cœur ce buste de marbre dans son cadre à demi-païen, et que rappelle-t-il sinon l'indécision des esprits et du goût à l'époque où fut élevée, entre la maison et la rivière, la rotonde ouverte qui le protège! On était en 1820, à l'époque des banquets dont me parlait la bonne sœur, mais aujourd'hui tout est fixé, et il n'y a plus de place à Domremy que pour les souvenirs d'une enfance chrétienne préparant une héroïne et une sainte.

Je laissai, pendant près d'une demi-heure encore, un libre cours à mes réflexions dans le petit parc ou square assez mal entretenu qui entoure le buste de marbre, et qui fournit, avec un peu d'ombre, une retraite où l'on peut rêver. Ces époques différentes, ces régimes qui se sont succédé depuis un demi-siècle, et dont chacun a voulu laisser sa trace près de ce berceau ; ce fleuve qui, faible encore et voisin de sa source, coule paisible entre le village et la prairie, qui plus loin dit adieu à la France sous les remparts de Sedan....; cette fortune de la patrie qui, tour à tour, sourit et se voile, qui chasse l'étranger par le bras d'une jeune fille et livre, en une heure, de puissantes armées à un implacable ennemi, ces images de guerre et de bataille au sein d'une nature calme et riante, éveillaient tour à tour, dans mon âme, les amères pensées et les lointains espoirs.

Que les hommes politiques et les hommes de guerre viennent passer quelques instants à Domremy : ils y apprendront, mieux que dans le tumulte des capitales et les plaisirs des cours, où est la vraie force de la France et des armées, par quelles vertus les nations se régénèrent. J'y voudrais voir aussi les artistes et les poètes qui, jusqu'à ce jour, ont si imparfaitement rendu, quand ils ne l'ont pas altéré, le caractère de notre héroïne. Il manque à leurs statues comme à leurs vers cette simplicité, source de la vraie grandeur, dont on recueille à Domremy l'impression ineffaçable. Simplicité, candeur, abnégation : ces vertus semblent d'un autre âge et bien déplacées parmi les progrès de luxe et l'ardeur croissante des convoitises. Est-il possible aux peuples qui les ont perdues de les retrouver, d'en sentir le prix, de les désirer de nouveau? Mais les ont-ils perdues? Les perd-on sans retour quand on garde un peu de l'esprit chrétien qui a fait Jeanne d'Arc, et qui sommeille plutôt qu'il n'est mort dans tant d'âmes françaises. Allons le réveiller au hameau de Domremy. On ne revient pas de ce petit coin de terre béni du ciel sans se sentir plus chrétien et plus Français.

III.

Le Beau et l'Ame humaine.

Plaisir et Douleur, Joie et Tristesse.

Un Cycle religieux (1802-1880).

LE BEAU ET L'AME HUMAINE.

Il ne faut point s'engager sans avoir mûrement réfléchi aux suites probables de son engagement. Les philosophes, selon toute apparence, ont les premiers énoncé cette maxime qu'ils ne sont pas les derniers à oublier. J'avais promis assez à la légère à un de mes amis, membre actif d'une académie de province, de lui communiquer quelques idées, peut-être même de lui fournir un point de départ commode, si jamais il se décidait à traiter la question du Beau, question toujours ancienne et toujours nouvelle, où tout a été dit et où tout reste à dire. Il va de soi que depuis longtemps je ne songeais plus à ma promesse, quand une lettre vint me la rappeler en termes courtois mais pressants. J'étais invité à m'acquitter sans délai : on avait recueilli de nombreux matériaux, on avait remué beaucoup d'idées, mais le fil conducteur s'était rompu plus d'une fois déjà, et, en particulier, le point de départ, ce point de départ que je m'étais fait fort de montrer, semblait introuvable : prières instantes de l'indiquer au plus tôt.

Je m'interrogeai, mais, ô déception ! je ne savais point ce que je croyais savoir, je ne possédais point ce que j'avais espéré posséder : rien n'égalait le décousu de mes idées et leur réelle indigence. N'ayant point pour lors l'esprit disposé aux recherches personnelles, aux profondes méditations, je me bornai à faire appel à mes souvenirs : je me plongeai dans mes vieux auteurs, je lus et relus les textes les plus célèbres, de Platon à Victor Cousin, de saint Augustin au Père André. Je ne négligeai point mes contemporains, écrivains de talent qui ont su fondre habilement, dans cette question du Beau, avec leurs propres pensées, les pensées de leurs prédécesseurs : rien n'y fit, ma peine fut en pure perte. Les idées ne se présentaient pas sous le jour que j'aurais voulu, mais surtout l'idée-mère, la pensée-maîtresse se dérobait à mes plus vifs désirs, à mes plus actives recherches. Épuisé par ce travail ingrat, la tête pleine moins d'idées que de mots et de textes sans suite, ne pouvant plus ni penser ni écrire, je pris brusquement mon parti de me rendre à la campagne, chez un de mes amis, et de jeter çà et là, sur une route de onze kilomètres, les souvenirs confus qui m'obsédaient. Ma pensée pourrait de la sorte reconquérir, en s'allégeant des idées d'autrui, un peu d'aisance et de spontanéité : c'était ma dernière espérance.

Elle fut déçue, et bien que le ciel se fût mis d'accord avec mon projet, bien que le mois de mai, à son déclin, m'eût favorisé d'une journée de choix, calme et souriante, l'agitation de mon cerveau, au lieu d'être ralentie par tant de douces impressions, continua à se donner libre carrière dans le même cercle d'idées, de textes, de souvenirs, sans la moindre trace d'invention. Pour surcroît d'infortune, personne à la maison : mon ami, sa femme et sa fille avaient pris la clef des champs (rien ne leur était plus facile) aussitôt après déjeuner ; on ne les attendait pas avant une heure ou une heure et demie : c'est la réponse que me donna la fidèle domestique. Livré à moi-même je visitai successivement le jardin, le verger, le vignoble qui se déploie sur toute l'étendue de la colline au pied de laquelle la maison est bâtie. Je m'avançai jusqu'à mi-côte pour jouir, dans un petit pavillon ouvert à tous les vents, de la vue la plus belle, la plus imposante que l'œil de l'homme puisse contempler : ceux qui la connaissent ne me reprocheront pas l'apparente exagération de mon langage. — En face de moi, dans toute sa longueur, de Grenoble à Montmélian, la fertile et riche vallée du Grésivaudan; à gauche le massif de la Chartreuse, dont l'ensemble est parfait d'unité, mais dont les sommets affectant les formes les plus diverses et les plus bizarres sont séparés les uns des autres par des gorges sauvages ou de riantes vallées. A droite depuis le Mont-Blanc jusqu'au confluent de la Romanche et du Drac, les cimes déchiquetées, dentelées, tourmentées, quelquefois majestueuses des Alpes dauphinoises, le Belledonne avec ses glaciers, le Taillefer semblable à un gigantesque rempart. Plus près, toujours à ma droite, mais appartenant à une autre chaîne, se dressaient, dominant tous les sommets inférieurs, deux montagnes semblables à deux immenses pyramides, et dans l'intervalle qui me séparait d'elles s'étendait une plaine fertile couverte de vignes, de mûriers, de châteaux, de hameaux, de demeures isolées : la nature la plus riche, la verdure la plus fraîche, au pied des rochers les plus sauvages.

Je ne dirai point que l'état de mon esprit m'empêcha d'admirer un si beau spectacle : du moins n'eut-il pas ce jour-là le pouvoir de m'absorber sans réserve. De la vigne je redescendis au verger, et du verger à une longue allée d'arbres, mûriers et pommiers, parallèles à la route qui reliant Claix à Varces borde la propriété dans toute sa largeur. Il y a quelques années seulement, quand la culture des vers à soie valait encore la peine qu'on s'y livrât, ces mûriers dépouillés aussitôt de leurs feuilles naissantes n'auraient pu donner aucun ombrage : il en était autrement en l'an de grâce 1880, aux derniers jours du mois de mai. Je m'assis à terre, le dos appuyé au tronc du plus précoce, du mieux feuillé de ces arbres aujourd'hui à peu près inutiles, et dont un grand nombre ont déjà disparu. Au bout de quelques instants la chaleur et la fatigue agissant de concert, je commençai à m'assoupir : je dormais déjà qu'un reste de conscience s'obstinait encore à vouloir me faire songer et rêver.

D'abord tous les personnages avec lesquels j'avais lié de nouveau commerce, les philosophes que j'avais lus, relus, étudiés depuis plusieurs jours, se montrèrent à moi, mais dans une grande confusion, et sans qu'il me fût possible, malgré tous mes efforts, de les distinguer et de les entendre. Tous à la fois voulaient me renseigner de la meilleure grâce du monde, répondre à mes questions, m'expliquer le sens de leurs écrits. La confusion allait croissant dans leurs personnes et dans leurs discours quand, à la fin, deux d'entre eux se détachèrent de la foule, et leurs traits peu à peu se dessinèrent assez bien pour qu'il me fût possible de reconnaître Victor Cousin tel que je l'avais vu et entendu, il y a bien des années déjà, et, en face de lui, le Père André (1), aimable vieillard à l'œil vif, à l'expression fine et non sans malice.

La conversation s'engagea entre eux, à peu près comme il suit :

— Que je suis heureux, mon Père, de vous rencontrer.

— Ma joie n'est pas moins grande, et pourtant j'ai un reproche à vous faire.

— Lequel, je vous prie?

— Vous avez failli me brouiller avec mes collègues, et pourtant vous n'ignoriez pas que si j'avais été grand partisan de Malebranche, à mes débuts du moins....

---

(1) Le Père André a écrit pour l'Académie de Caen, dont il était membre, huit discours sur le Beau (1741). M. Cousin en publia, juste cent ans plus tard, une édition nouvelle précédée d'une longue étude sur l'auteur, sa vie et ses œuvres. Le Père André demeura fidèle à la Compagnie jusqu'à la fin et ne cessa d'enseigner la philosophie ou la mathématique dans ses collèges, et, en dernier lieu, dans celui de Caen (de 1726 à 1759). Il professait encore à l'âge de quatre-vingt-quatre ans et mourut cinq ans plus tard, au lendemain de la dispersion de son Ordre.

— Sans doute, sans doute; mais que voulez-vous? Les circonstances, la difficulté des temps, le besoin de la cause.... On dit et on écrit souvent bien des choses là-haut...

— Je m'en doutais un peu.

— J'aurais bien quelques critiques à vous adresser, mon Père, sur le partage que vous avez fait de l'empire du beau en trois grandes souverainetés : beau essentiel, beau naturel, beau arbitraire. Le premier point surtout....

— Prête, j'en conviens, à de justes critiques.

— Mais en revanche, que de finesse dans vos observations, quelle clarté dans vos divisions peut-être un peu trop nombreuses, quelle délicatesse dans votre manière de penser et d'écrire ! J'ai beaucoup goûté ce que vous dites de la lumière et du son, de leur nature et de leurs rapports. Oui, mon Père, tout est harmonie, tout est unité dans l'immense domaine du beau : personne avant vous ne l'avait fait si bien voir. Toutefois vous avez été trop bref, permettez-moi de m'en plaindre, sur la part que prend notre âme à la formation et à la manifestation de ces grandes idées. Non, jamais nous n'aurions découvert dans le monde des choses tant d'unité, tant d'harmonie, si elle ne nous en avait suggéré la première idée et donné le parfait modèle.

— Permettez-moi, illustre maître, de vous faire

le même reproche tempéré par les mêmes éloges. La profondeur de vos pensées, le charme de votre style ne m'ont pas empêché de trouver un peu vague le terme par lequel vous définissez et résumez la beauté. A moins que vous n'ayez oublié, comme il m'est arrivé pour l'unité et l'harmonie, de dire que l'*Expression* c'est l'âme manifestant par des signes visibles tout ce qu'elle renferme en elle de qualités invisibles, d'attributs, de perfections, pour tout dire, de beauté. Mais vos lecteurs, comme les miens, sont trop intelligents pour s'y méprendre, et nous n'avions, ni vous ni moi, à leur expliquer en termes précis, avec une insistance fâcheuse, que l'unité, l'harmonie, l'expression, tout cela au fond c'est l'âme, toujours l'âme devenue en quelque sorte visible et sensible, communiquant aux choses ce qui appartient en propre à l'esprit et les revêtant de ses attibuts.

Puis les deux interlocuteurs s'engagèrent dans une discussion à laquelle ils ne me parurent, ni l'un ni l'autre, suffisamment préparés : ou peut-être est-ce moi qui ne l'étais pas à les suivre. Ils admettaient d'un commun accord, je crus du moins l'entendre, que le son et la lumière se propagent par des ondulations dont le rythme variable entre pour beaucoup dans la variété des couleurs et des tons; à cette harmonie venue du dehors, pour qu'elle fût parfaite, l'âme ajoutait sa propre harmonie. Ils différaient seulement sur plusieurs points de détail et se reprochaient l'un à l'autre, d'ailleurs en termes polis et mesurés, de faire trop large la part de l'hypothèse et celle de l'abstraction. Je partageais de plus en plus cette manière de voir, et me bornais, de guerre lasse, à saisir au passage quelques idées moins obscures parmi une foule d'idées confuses, quand tout à coup Victor Cousin élevant la voix :

— Mais pour votre grand Lulli (1), comme vous le nommez à plusieurs reprises, je ne puis souffrir, mon Père, les éloges dont vous le comblez, ni que vous en fassiez le modèle achevé du parfait compositeur. Si vous aviez entendu nos grands maîtres......

— Avouez que je n'y pouvais rien, et que n'ayant pas eu l'honneur de les connaître et le plaisir de les entendre....

A ce moment parut sur la scène un homme de très haute taille, d'allure tout à la fois noble et vive, qui d'une main tenait un violon et de l'autre un archet. Il lança sur le chef de l'École éclecti-

---

(1) Quatrième discours du P. André : le beau musical.

que un regard plein de colère, et il levait son archet comme pour le frapper, quand celui-ci se dirigeant tout à coup vers moi, d'un ton solennel :

— Dites à votre ami qu'il doit renoncer à parler du beau, s'il n'a point l'âme belle. Il ne s'agit pas ici, croyez-le bien, de logique, de physique, d'algèbre, de géométrie. C'est trop peu d'exposer et d'éclairer ; il faut toucher, remuer, pénétrer : la beauté seule peut nous mettre en rapport avec la beauté. Je ne demande pas sans doute que son âme soit, comme celle de Platon, divinement inspirée ; mais que du moins elle possède, à un degré éminent, une des qualités secondaires qui correspondent à l'un des éléments du beau ; qu'elle soit fine, délicate, sympathique comme celle de cet aimable vieillard.

Le Père André s'inclina.

— Toute beauté n'est pas sublime, continua Victor Cousin, il en est de plusieurs sortes...

Suivirent quelques paroles confuses terminées par ces mots prononcés cette fois d'une manière distincte, et accompagnés d'un geste impératif.

— Sinon qu'il ne se mêle point d'écrire sur le beau, c'est inutile.

— C'est inutile, répéta le Père André, en se tournant vers moi avec un malin sourire.

— C'est inutile, exécuta sur le violon, avec des reprises variées le musicien, était-ce Lulli ou un autre, dont la taille avait, je ne sais comment, diminué de moitié.

— Parfait musicien, lui dis-je alors, tandis que s'éloignaient de nous les images de plus en plus flottantes de Victor Cousin et du Père André, maintenant que nous sommes seuls, pourriez-vous me dire ce que c'est que le beau, ou tout au moins me le faire pressentir, vous qui avez tout à l'heure communiqué tant de force et d'agrément aux dernières paroles de ces deux philosophes. Les uns disent en effet que le beau c'est la variété dans l'unité, mais je ne les entends pas bien.

— Vous avez raison, me répondit-il, la seconde moitié de la définition fait tort à la première à laquelle il faut nous en tenir.

Puis, sans se faire prier, et sur ce thème unique : le beau c'est l'unité, il fit entendre des accords si variés, si ravissants, un chant si parfaitement un dans la diversité infinie de ses modulations, que non seulement mon âme et mes sens en furent transportés, mais mon intelligence fut éclairée d'une lumière dont elle n'avait pas auparavant la moindre idée. Jamais je n'avais si bien compris que l'unité la plus une est aussi la plus riche, la plus féconde, et qu'à vrai dire l'unité est en proportion du nombre et de l'harmonie des éléments qui la constituent.

Je croyais tenir le vrai sens de la vraie définition, et j'allais rendre grâces à son habile interprète, quand pour se jouer de moi ou pour me faire voir l'inanité, tout au moins l'extrême insuffisance de ces formules abstraites (je ne saurais me rendre un compte exact de son intention), sur ces quatre paroles prononcées d'abord avec une solennelle lenteur: *le beau est un je ne sais quoi*, il développa peu à peu avec une variété d'invention, avec une élévation de pensée également admirable toute une composition musicale, la plus noble, la plus belle, la plus céleste qu'on puisse rêver. Ce *je ne sais quoi*, si terne et si vague à première vue, et à prendre les mots dans leur sens littéral, s'illumina bientôt de clartés croissantes, s'enrichit de perfections inattendues jusqu'à atteindre l'infini. J'entrevis dans cette impuissance même des langues humaines à nous dire le dernier mot du beau, dans cette nécessité où elles sont réduites à nous payer d'un je ne sais quoi, d'un suprême appel au plus mystérieux, au plus touchant des arts, quelque chose qui dépasse l'humanité. Pour tout dire ce *je ne sais quoi* me parut vraiment divin. Ce que la parole faisait vaguement pressentir, la musique le faisait croire, avec le seul regret que son impression fût si fugitive.

Le petit musicien s'était promis sans doute de

me faire passer de surprise en surprise, et de donner à l'art des transitions tous les démentis imaginables, car, sans me prévenir cette fois et sans m'expliquer, même par un seul mot, les motifs de sa bizarre conduite, il se mit à déclamer, en s'accompagnant de l'inséparable violon, le passage de Platon que j'avais lu et relu depuis huit jours, dans l'espoir d'y découvrir des lumières nouvelles (1). Dire ce qu'il ajoutait de force à chaque mot, de sens précis et profond à chaque phrase, de belle ordonnance à la suite du discours, est vraiment impossible : il me faudrait épuiser toutes les variétés de l'hyperbole : je ne me suis déjà que trop loin avancé dans cette voie. Je ne saurais toutefois omettre qu'il excellait à marquer les degrés par lesquels l'esprit humain s'élève à la beauté parfaite, à en faire ressortir les différences, à leur donner à chacun leur caractère propre et leur supériorité sur les degrés inférieurs. Puis tout à coup, jetant loin de lui archet et violon, il disparut en déclamant à plusieurs reprises, comme un dernier adieu : « Des beaux corps ıx belles sciences, des beautés inférieures à la Beauté..... *ordre, hiérarchie... harmonie... unité !!!* »

---

(1) Platon. Le Banquet. Discours de Diotime

L'âme ne dort pas tout entière dans les songes, et la communication avec le monde extérieur n'est pas absolument rompue. Les sens, avec plus ou moins de vivacité, suivant la nature de chacun de nous et la profondeur ou la légèreté du sommeil, apportent à l'esprit des sons, des murmures, de vagues impressions qu'il associe à ses impressions de la veille, à ses idées ordinaires, autant qu'il se peut faire en l'absence du pouvoir-directeur, c'est-à-dire de la façon la plus irrégulière et la plus bizarre. Je ne sais quels insectes ailés bourdonnant autour de ma tête où ces mots : *unité, harmonie, expression, je ne sais quoi, unité, variété, ordre, hiérarchie,* s'agitaient, s'unissaient, se séparaient, et en somme ne s'accordaient point du tout, un nouveau spectacle s'offrit bientôt à mes regards. — Un bataillon serré de tout petits corps pointus, arrondis, crochus, de toutes les formes, mais d'une couleur assez sombre, traversait l'espace avec un grand fracas, suivi ou plutôt poursuivi, à peu de distance, par un bataillon d'égale force, mais brillant d'une clarté si éblouissante que mes regards pouvaient à peine distinguer les uns des autres, faut-il dire les corps ou les unités qui le composaient. On eût dit, toute grandeur mise à part, les anges de lumière poursuivant, après leur chute, les anges de ténèbres et les précipitant dans le sombre abîme.

C'est à peine si les atomes en déroute, car c'étaient bien les atomes, au moment où ils passaient le plus près de moi poussèrent quelques faibles cris : Vive Épicure ! vive Démocrite ! vivent les atomes ! vive la matière pure ! à bas les forces ! L'instant d'après, au contraire, du milieu de la phalange victorieuse, ces sons ou ces cris se suivaient, se multipliaient pressés, retentissants : Vive Leibnitz ! vive Leibnitz ! Nous sommes les forces, nous sommes l'unité, nous sommes la vie, nous sommes la beauté !

— « Vous mentez, leur dis-je, avec une vivacité que je ne pus contenir, et sans songer aux suites possibles de cette protestation; vous mentez, vous n'êtes, vous non plus, que des abstractions, et si les autres sont pure matière, vous êtes, vous, de pures idées. Atomes d'Épicure, ou forces de Leibnitz, pour moi c'est tout un : unissez-vous, et peut-être changerai-je d'opinion. »

— Nous sommes des unités vivantes, répondit tout d'une voix la multitude des monades, et chacune de nous capable, s'il le fallait, de réfléchir comme en un miroir l'univers entier, porte en elle les principes de toute vie, de toute expansion, de toute beauté. Nous nous développons en une magnifique hiérarchie, sans vide, sans interruption, depuis le minéral jusqu'à l'esprit le plus pur, et de là jusqu'à la monade des monades, la

Force dont nous sommes les forces, le Soleil dont nous sommes les rayons, la Beauté dont nous sommes tantôt le pâle reflet, tantôt la brillante et pure image.

A ce moment, et comme pour appuyer une démonstration à laquelle mon esprit n'accédait pas encore, tout autour de moi la vie universelle sembla prendre une activité, se développer avec une puissance inouïes. Les bourgeons se gonflaient à vue d'œil, les feuilles s'élargissaient, les fleurs s'épanouissaient et leurs parfums devenaient à la fois plus pénétrants et plus doux. Je ne sais quel profond murmure annonçait que dans les airs et à la surface de la terre, aussi bien que dans ses entrailles, la création allait s'étendant, se multipliant, jouissant d'elle-même et de son auteur. La vallée s'étendait dans sa richesse, les montagnes s'élevaient avec une grandeur plus imposante, dans des rapports plus harmonieux, au sein d'une lumière distribuée et nuancée avec un art infini. A toutes ces magnificences, au moment même où elles se déployaient devant elle, mon âme répondait par ce cri de foi et d'amour :

O nature, si vivante et si féconde que vous soyez, non jamais sans la vie qui se développe en moi, je ne saurais rien de votre vie et de votre fécondité. Forces, grandeur, hiérarchie, beauté des choses, c'est la force; la grandeur, la beauté de mon âme, c'est l'imposante hiérarchie des pouvoirs intérieurs qui me permettent de vous comprendre. C'est grâce à mon âme que je puis admirer tant de beautés qui lui seraient à jamais inconnues, si elle n'était elle-même vie, lumière et beauté.

A ce moment une douce harmonie sembla monter vers moi du fond de la vallée, en même temps que des profondeurs de la montagne à travers la gorge du Sappey, une longue file de Chartreux, couverts de leurs tuniques blanches, s'avançaient lentement et semblaient se diriger vers la ville... Cependant les chants devenaient plus distincts, ils se rapprochaient et frappaient vivement mon oreille...

Je me réveillai tout en une fois, assez à temps pour jouir d'un spectacle fort simple sans doute, mais qui pourtant mériterait un autre pinceau. Dans le chemin étroit que dominent les mûriers, trente ou quarante jeunes filles vêtues de blanc, la tête couverte d'un voile, s'avançaient deux à deux en chantant un pieux cantique. A leur suite, à peu près autant de jeunes garçons en habits de fête. Le vénérable curé de Claix, à ses côtés un tout jeune prêtre, l'un et l'autre en surplis et en étole, séparaient les enfants de leurs familles, et les jeunes confirmants des amis qui avaient voulu les suivre et s'édifier avec eux. C'était en effet la paroisse de Claix qui allait s'unir à celle de Varces, pour recevoir de l'évêque de Grenoble, avec des encouragements pour tous, le sacrement des forts pour les plus jeunes et les plus faibles. Arrivé en vue du cimetière et de la petite chapelle bâtie autrefois par les religieux de Saint-Jean de Jérusalem, le curé entonna le psaume : *Lauda, Jerusalem dominum* que tous, grands et petits, jeunes et vieux, hommes et femmes, continuèrent en deux chœurs alternatifs. Quelques instants après la solitude avait repris son silence, les voix allaient de plus en plus s'affaiblissant, mais non l'impression de ce touchant spectacle. La voix de l'homme, la voix de son âme était venue, pour un court instant, s'unir à la nature, et elle l'avait aussitôt dominée. Tant de beautés dont s'enivraient mes sens et où se perdait ma pensée avaient cédé à cette simple beauté qui, des sens à peine effleurés, avait été droit au cœur et à la pensée.

Et je me disais à moi-même, tout en me dirigeant vers la demeure qui avait ouvert joyeusement ses fenêtres, et semblait me souhaiter la bienvenue : oui, j'écrirai à mon ami que s'il est un point de départ à l'étude du Beau meilleur que tous les autres, c'est dans l'âme humaine qu'il doit se trouver : il faut le chercher là, et nulle part ailleurs. C'est dans l'âme, en effet, que Dieu, la Beauté suprême, habite par l'amour et la raison : c'est l'âme qui prête sa beauté à la nature et illumine de ses vives clartés les pâles reflets du monde extérieur.

PLAISIR ET DOULEUR.
JOIE ET TRISTESSE

Grâce aux poètes, la bonne renommée du printemps est si solidement établie que tous les mécomptes ne pourront rien contre elle : on ne cessera pas de l'espérer riant et gracieux, il ne cessera pas de tromper nos espérances. Il faut l'avouer toutefois : les délicieuses journées qu'il sème çà et là, parmi tous les troubles de la terre et du ciel, sont si parfaitement belles qu'elles suffisent à justifier les poètes et notre inaltérable confiance. Ce n'est pas seulement la nature qui renaît à la vie, qui nous sourit dans les fleurs des champs, dans le tendre feuillage des arbres, qui nous caresse de ses brises, qui nous salue par le chant de mille oiseaux, c'est notre âme qui, après les engourdissements de l'hiver, tressaille, elle aussi, au contact de la vie universelle. Celle-ci ne renaît qu'une fois tous les ans ; notre âme n'éprouve guère non plus qu'une fois, sous son influence, les douces émotions d'une renaissance longtemps attendue.

C'est par un de ces beaux jours si rares qu'étant de loisir, mon jeune ami Louis S.... et moi, du moins à partir de midi, nous prîmes la voiture publique qui, en une demi-heure, nous conduisit au village d'Eybens, terme de sa course. Cinq minutes plus tard nous cheminions, en pleine campagne, sur une route sinueuse tracée comme à dessein pour découvrir, un à un, les plus beaux points de vue de l'immense et riche vallée. Bientôt toutefois elle disparut à nos yeux ; tournant le dos à l'Isère, nous commencions à gravir, à travers prairies et vergers, une colline dont la pente assez raide se termine à un épais taillis. Plus d'horizons pour la vue, mais partout des fleurs nées sans culture, des buissons d'aubépine, des arbustes, et çà et là seulement quelques arbres de haute futaie. Rien, à part le murmure d'une source, ne troublait le profond silence de cette solitude. Pour en mieux jouir, nous nous étions assis sur le tronc d'un vieux chêne. Après quelques instants de repos et de rêverie :

— Qui pourrait définir, me dit mon jeune compagnon, l'état de mon âme à l'heure présente, serait le plus habile homme du monde. Je ne pense point, et ne songe guère à m'imposer cette fatigue; c'est à peine si je rêve : mes sensations, mes idées flottent plutôt qu'elles ne s'enchaînent. Ce que je vois plus clairement, c'est que je me laisse aller au plaisir de vivre : je jouis de la nature et de moi-même, le reste est indécis et confus. Mais ce plaisir lui-même ne ressemble à aucun autre : il n'a rien de vif, d'impétueux, il s'insinue doucement, il ne réside pas dans tel sens plutôt que dans tel autre, il me pénètre tout entier. Il est même assez fort, dans son apparente douceur, pour paralyser toutes mes facultés. J'ai lu quelque part que le plaisir accompagne leur exercice régulier, qu'il récompense toute activité conforme à notre nature. Belle théorie assurément et fort morale, mais à laquelle je connais au moins une exception. Mon plaisir présent,— et j'en ai rarement éprouvé de plus pur, — résulte de ce que je ne fais rien, ne veux rien, ne pense à rien, de ce que je suis absolument inactif.

— Mais non pas la nature qui, autour de nous, enfante et travaille.

— Il se peut que ce contraste soit pour quelque chose dans ma jouissance.

— Serait-elle aussi parfaite si une bonne course, non pas très longue, mais assez rapide, ne l'avait précédée? Votre plaisir, mon cher Louis, vient après un acte, et il s'est hâté d'en engendrer un autre à son tour.

— Lequel, je vous prie ?

— Cette analyse de l'état de votre âme : pour sûr elle ne s'est point faite d'elle-même. C'est le plaisir qui lui a donné l'occasion de naître, c'est par lui qu'elle a commencé. Regardez-y de près et vous verrez que la plus faible jouissance, celle qui aspire le moins à ébranler nos sens, celle qui les effleure à peine, suppose toutefois quelque degré d'activité. Peut-on, dites-moi, jouir sans savoir que l'on jouit ; et ce retour sur soi-même, si peu de peine qu'il nous coûte, n'est-ce pas une manière d'agir ?

— J'en conviens.

— Et comme, dans l'état de veille, tout au moins, cette conscience de nous-même unie au sentiment de la vie, ne nous abandonne jamais, il s'ensuit que nous ne sommes jamais sans quelque plaisir.

— La conclusion est inattaquable : avouez toutefois que ce plaisir est bien peu senti.

— C'est l'habitude qui l'a rendu moins vif comme tant d'autres choses. Il n'en est pas moins là toujours présent, toujours prêt à grandir. Quand vous réussissez comme tout à l'heure à ne plus penser, à ne plus vouloir, ne fût-ce qu'un court instant, n'admirez-vous pas avec quelle rapidité, avec quelle puissance il s'empare aussitôt de votre âme?

— Je ne m'en plains pas et ne lui reproche que sa trop courte durée.

— Quel vaste champ ouvert devant nous, et comme il nous serait facile, si nous étions des philosophes de profession, d'édifier, à partir de ce principe, la plus belle théorie du monde! Vous ne la devinez pas, mon cher Louis?

— En aucune façon.

— Oubliez-vous donc que le sentiment de la vie, que le plaisir d'être a pour dépendance nécessaire, — dès que nous pensons et avant même l'éveil de la pensée, par une sorte d'instinct, — la crainte de n'être plus, et, à mesure que nous avançons dans la vie, l'inquiétude constante d'être, au point de vue de la santé, de la fortune, de la position sociale, des avantages de toute sorte, moins que nous ne sommes présentement ou que nous n'espérions devenir. Voyez d'ici tous les plaisirs et toutes les peines comme greffés sur ce tronc unique, je veux dire le sentiment de l'être et de la vie; voyez-les se succéder, s'entrelacer, s'opposer, se développer, décroître, à mesure que nous nous croyons plus favorisés ou plus dépourvus des biens par lesquels notre être grandit à nos yeux et à ceux de nos semblables.

Point de départ commun au plus intime de la

conscience, à la racine de notre être; rapports de tous les instants; défaite ou domination de l'un des deux éléments contraires, sans que jamais le vainqueur puisse anéantir le vaincu : cette base ne vous semble-t-elle pas assez large pour porter une belle théorie du plaisir et de la douleur ?

— Je dirais plutôt, ne vous déplaise, de la joie et de la tristesse, car je n'y vois guère la place de la douleur physique. Iriez-vous, comme ce stoïcien fameux dans l'histoire des folies humaines jusqu'à nier qu'elle existe ?

— Dieu m'en garde, mon cher ami, j'ai de trop bonnes raisons pour n'être pas d'un avis contraire. Convenez-en toutefois : cette douleur n'est rien auprès de la tristesse qu'elle engendre. Nous souffrons sans doute au moment où elle nous déchire, mais nous souffrons bien davantage d'avoir souffert, de pouvoir souffrir encore. Otez de notre âme (ce serait en ôter la pensée) le souvenir du mal passé, le pressentiment du mal à venir, et vous verrez à quoi se réduira la douleur physique. Espérer, s'inquiéter, c'est comme le fond de notre vie morale, c'est le perpétuel va-et-vient de notre âme. Il n'est pas d'inquiétude assez vive pour en bannir l'espérance, il n'est pas d'espérance assez sûre d'elle-même pour en bannir toute inquiétude. On définit l'état présent de l'âme par l'élément qui domine en elle, mais il n'a pas de pouvoir d'anéantir son contraire et de l'exclure à jamais. Il lui doit une place, et il la lui doit quoi qu'il arrive.

— Il me semble, en vous écoutant, que j'entends encore le professeur de philosophie dont j'étais, il y a quatre ans à peine, l'un des plus studieux élèves : permettez que je me décerne cet éloge. Un mot de plus, un seul mot, et vous auriez reproduit, avec sa pensée tout entière, une théorie qu'il regardait comme sienne, à tort ou à raison, je ne saurais le dire et ne me porte pas son garant.

— Pourrais-je savoir quel est ce mot merveilleux?

— A mon tour de vous dire : quoi! vous ne devinez pas!

— Pas le moins du monde.

— Cherchez, je vous prie, quel est, dans notre âme, le phénomène psychique, comme on dit aujourd'hui, — par le seul besoin, j'imagine, de changer les noms, — qui renferme en lui-même tout à la fois l'inquiétude et l'espérance, qui est fait de l'une et de l'autre, dans lequel c'est tantôt celle-ci qui l'emporte et tantôt celle-là, mais sans que ni l'une ni l'autre disparaissent jamais totalement, un phénomène de l'ordre affectif, cela va de soi, toujours présent, même quand les autres n'y sont pas, toujours agissant, même quand les autres se reposent, quelque chose enfin comme la respiration de notre âme.

— Malgré mon vif désir de le connaître et d'entrer en relations avec lui...

— Vous venez de le nommer. Je désirais vous le faire découvrir, vous désiriez répondre à mon appel : vous le voyez, le désir est partout. Mon professeur le savait bien, lui qui fondait sur cette permanence, sur cette universalité du désir, la théorie à laquelle je faisais allusion, mais que je n'ai, pour le moment, nul désir de vous exposer. Aussi bien me faudrait-il un certain temps pour rassembler mes souvenirs : nous avons mieux à faire et ne sommes pas ici pour nous livrer à ce pénible travail. Il me souvient toutefois qu'à l'appui de ses observations et réflexions personnelles, il invoquait plusieurs beaux passages des moralistes et des poètes, en particulier ces vers que Corneille met dans la bouche d'Auguste :

.... Notre esprit jusqu'au dernier soupir
Toujours vers quelque objet pousse quelque désir.

L'amour de nous-mêmes, disait-il encore, l'amour des biens qui nous font grandir et que couronne le bien parfait, s'épanche en une suite de désirs aussi exigeants, aussi intarissables qu'il est lui-même ardent et inassouvi. Ils prennent tous les noms, toutes les formes, s'engagent dans toutes les voies, poursuivent tous les biens, passent de l'un à l'autre et ne s'en tiennent jamais à celui qu'ils possèdent. C'est pour le désir que ces mots : *encore, mieux, davantage* ont été faits, peut-être même celui de *progrès*, mais il a bien d'autres emplois. Quant à ses éléments, vous les connaissez, vous les avez nommés, d'accord, sans le savoir, avec mon maître : c'est de là que nous sommes partis tout à l'heure. Si bien qu'on s'y prenne, en effet, pour analyser le désir on y découvrira toujours l'espérance et l'inquiétude : espérer, s'inquiéter, voilà de quoi il se compose avant tout. Il espère, et cette possession imaginaire qu'il se figure est un commencement très réel de jouissance; mais il craint aussi de ne pas arriver au but qu'il poursuit, ou de n'y point demeurer après l'avoir atteint : ce doute qui est de l'essence du désir est une souffrance. Supprimez par la pensée, supprimez dans le désir ou l'espoir ou le doute, le désir n'existe plus. Il est donc, à chaque instant de notre vie morale, l'union, au plus intime de notre âme, du plaisir et de la douleur. Nous voilà par une voie un peu plus longue revenus à notre point de départ.

— Et nous voilà aussi, malgré toutes nos protestations, en train d'édifier une théorie du plaisir et de la douleur. Chacun de nous y apporte sa pierre : vous les souvenirs récents d'un enseignement qui n'est pas sans valeur, moi quelques observations comme tout le monde en peut faire. Nous voilà bien et dûment convaincus de nous aimer nous-mêmes, d'aimer notre être, — apparemment vous n'en doutiez pas, — de l'aimer à tous les instants de notre vie, alors même que toute autre activité est suspendue et que notre pensée sommeille. Voilà le désir bien convaincu, à son tour, d'être en nous cet amour en action, action incessante, jamais lassée, jamais satisfaite. Nous l'avons d'ailleurs libéralement pourvu de deux ressorts, enrichi de deux éléments premiers, l'inquiétude et l'espérance. La conclusion toute naturelle c'est que nous ne sommes jamais sans quelque plaisir et sans quelque peine, puisque nous ne sommes jamais sans désir ; c'est qu'il y a tout au moins une goutte d'amertume au fond de nos plus réelles jouissances, et je ne sais quelle secrète consolation qui tempère nos chagrins les plus vifs.

Mais c'est trop de philosophie pour un jour réservé à la promenade. Je ne sais qu'un moyen d'y couper court, c'est de nous lever et de continuer notre route. Le grand air calmera cette excessive agitation des esprits animaux, comme on eût dit au temps de Descartes : le mouvement du corps arrêtera celui des idées.

Ce fut le contraire qui arriva. Nous étions trop avancés pour reculer ; trop de pensées et de souvenirs s'étaient éveillés en nous pour qu'il fût possible de les arrêter au premier signal. Quel sujet plus riche d'ailleurs et qui nous touche de plus près que celui du plaisir et de la douleur, de la joie et de la tristesse ? Qui n'a pas eu mille occasions de se convaincre par lui-même de leur intime union? Plus avancé dans la vie que mon compagnon de promenade je pouvais produire de nombreux exemples : je n'avais qu'à puiser dans l'histoire de mes amis et celle de mes proches, qu'à rappeler les souvenirs du passé, qu'à regarder autour de moi. Pour lui, il disposait de l'histoire tout entière qu'il connaissait à merveille. Les témoignages se multipliant de part et d'autre dans un parfait accord, nous dûmes reconnaître que, dans la vie des peuples comme dans celle des individus, non seulement les heures tristes ne cessent d'alterner avec les heures joyeuses, mais les deux états semblent parfois se confondre ou se suivre de si près que l'intervalle est à peine appréciable. La joie de grandir s'achète, pour une nation comme pour un homme, au prix des plus douloureux sacrifices; le bonheur n'est pas désiré avec une ardeur moins inquiète, n'est pas possédé avec une sécurité plus entière ; l'heureuse fortune qui survient, même contre toute espérance, n'engendre pas moins promptement le désir d'une fortune plus brillante.

Il était plus facile de constater le fait que de s'en rendre compte : cette question du pourquoi des choses est l'ordinaire écueil des philosophes. C'est pour la résoudre qu'ils sont au monde, mais c'est en vain que le monde attend d'eux, depuis des siècles, sur ce point comme sur plusieurs autres, une réponse satisfaisante. Socrate, au moment où on le délivrait de ses fers, avait dans un langage aussi simple qu'éloquent (1) constaté l'étroite union du plaisir et de la douleur; mais avait-il été au-delà du simple fait révélé ou rappelé à ses disciples : nous ne le croyions pas, du moins à consulter nos souvenirs un peu vagues. L'antiquité, si l'on en excepte le divin Platon, nous semblait assez pauvre sur ce sujet capital. Quelques-uns de ses philosophes avaient même entrepris de détruire l'alliance qu'ils ne pouvaient expliquer; mais ni les Épicuriens n'avaient réussi à supprimer la douleur, ni les Stoïciens à la dompter par tout leur courage soutenu de tout leur orgueil. Quelque effort qu'on fît, de part et

---

(1) Voir début du Phédon.

d'autre, pour la dissoudre ou la rompre, l'union se reformait aussitôt inexorable et inexplicable.

Nous n'avions pas la prétention de nous égaler à ces illustres philosophes : toutefois je ne sais quelle témérité nous poussant, et peut-être aussi quelques vérités nous aidant dont ils n'avaient pas eu connaissance, nous fîmes en commun sur ce sujet intéressant quelques réflexions qui sans doute ne sont point nouvelles, mais auxquelles, pour notre part, nous n'avions pas encore songé. Chacun de nous y ayant contribué elles nous appartiennent également : mieux vaut donc, pour cette fois, les résumer brièvement que suivre pas à pas le dialogue dans ses détours infinis. Voici de quoi nous convînmes peu à peu, tout en cheminant, au sortir du taillis, à travers prairies et moissons en fleur.

« N'est-ce pas déjà une première et précieuse connaissance de savoir que notre vie se partage entre le plaisir et la douleur ; que ces deux éléments, dont chaque heure, chaque minute fait la distinction, sont pourtant inséparables ? Ils dominent tour à tour, ils se succèdent dans une âme qui ne saurait supporter l'excès de l'un ou de l'autre, dont l'unité parfaite subit quelquefois, au même instant, dans le même centre et jusque dans la contemplation des chefs-d'œuvre de l'art, deux influences aussi directement opposées.

Notre âme aspire à une joie sans mélange, et elle n'est pas, dans son état présent, capable de la porter : il lui faut le correctif de la tristesse, il faut au plaisir celui de la douleur. Le désir qui les associe l'un à l'autre dans toutes leurs nuances, à tous leurs degrés, dit bien ce que nous sommes : des exilés qui regrettent la patrie, des étrangers qui soupirent après le sol natal. Il dit bien où nous allons, puisque nul bonheur terrestre ne le satisfait, et qu'il reprend de nouvelles forces dans la maladie et jusqu'aux approches de la mort. — La souffrance nous rappelle notre condition faible et précaire, la joie nous rappelle à l'espérance. Avertis par la douleur de ne nous point fixer ici-bas, nous apprenons de la paix de l'âme, aux rares moments où elle nous visite, que nous avons ailleurs une patrie, séjour de la paix parfaite. Les biens de la terre ne sont que l'image des biens éternels : la fragilité de nos plaisirs les plus légitimes le fait assez voir. Nos joies aussi bien que nos tristesses, nos joies, parce qu'elles passent trop vite, nos tristesses, parce qu'elles nous semblent, chaque fois qu'elles renaissent, contraires à notre nature, réveillent en nous le souvenir, raniment l'espoir d'une joie sans mélange et sans fin. — Il y a comme un gage de vie à venir, comme un pressentiment d'immortalité dans chaque affection triste ou joyeuse de notre âme : dans le désir qui n'atteint jamais tout son objet, dans l'amour qui ne le possède jamais sans alarmes. — L'indissoluble union du plaisir et de la douleur, de la joie et de la tristesse nous apprend, si nous savons bien l'entendre, sur notre nature et notre fin, autant de choses pour le moins qu'en renferment les livres les plus savants. Dieu a mis à la portée de tous, et comme au seuil de notre âme, des démonstrations que les plus habiles sophismes ne sauraient entamer. Telle est celle dont nous parlons : elle se renouvelle à chaque instant, elle se compose de nos sensations, de nos affections les plus ordinaires et les plus vives. Elle nous fait entrevoir ce que nous serons un jour par le sentiment de ce qui nous manque, par nos plaisirs qui ne sont jamais sans quelque tristesse, par nos douleurs dont l'espérance n'est jamais absente. »

Improvisée au libre cours d'une conversation à travers champs, cette philosophie du plaisir et de la douleur n'avait pas même cette sorte d'unité qu'un résumé lui communique. Si elle nous satisfaisait sur certains points elle en négligeait un plus grand nombre, et, pour un peu de lumière qu'elle apportait, elle en faisait désirer bien davantage. Formé à bonne école, mon jeune ami n'était pas d'ailleurs de ceux qui se paient d'une première réponse et qu'elle dispense de creuser plus avant.

S'il ne savait point de mémoire toutes les opinions des philosophes anciens et modernes, s'il n'avait point fatigué sa main et son esprit à écrire d'interminables rédactions, il avait en revanche appris à lire dans son âme et à s'interroger lui-même. Son professeur l'avait formé à répondre directement et brièvement à des questions nettement posées : il avait fait sans cesse appel à son bon sens, à ses lumières naturelles aidées de l'expérience et de l'étude attentive de textes bien choisis. Envisager une question sous toutes ses faces, l'épuiser en quelque sorte était un de ses exercices ordinaires : je m'en aperçus ce jour-là.

Il y aurait toutefois peu de profit, et encore moins de plaisir pour le lecteur, à nous voir prendre, délaisser, reprendre le sujet qui avait d'abord si vivement captivé notre attention, en considérer tantôt un point de vue, tantôt un autre, sans le moindre souci de l'ordre et des transitions. Comment, par exemple, en vînmes-nous à parler des peines et des plaisirs propres aux gens d'étude, mais surtout aux grands philosophes et aux grands théologiens : il me serait impossible de le dire avec certitude. Qui de nous deux émit le premier cette réflexion, que pour eux les soucis, les ennuis croissaient avec les années, et les joies devenaient moins pures, plus mêlées d'amertume : je ne me le rappelle pas beaucoup mieux, mais il est certain que l'autre en tomba d'accord aussitôt. Il nous parut que les discussions faciles à envenimer, les polémiques de plus en plus vives étaient trop souvent comme le partage des plus belles vies à leur déclin, de celles qui s'étaient, pour ainsi dire, uniquement dépensées à la recherche et à la défense de la vérité. Non seulement la gloire a des envieux que ne connaît pas l'obscurité ; non seulement les adversaires se multiplient avec le nombre des ouvrages publiés, des théories exposées, des erreurs réfutées, mais l'ardeur du combat fait que soi-même on oublie parfois la mesure, qu'on dépasse ou qu'on exagère sa propre pensée, qu'on défend enfin des opinions douteuses avec autant de zèle que les vérités les plus certaines.

Sans remonter jusqu'à Socrate puni de sa franchise par le poison, jusqu'à Platon mal payé de ses soins par l'ingratitude de quelques disciples, le dix-septième siècle se présentait si riche d'exemples que nous n'eûmes pas besoin d'en chercher ailleurs. Nommer Descartes, Pascal, Bourdaloue, Malebranche, Bossuet, Fénelon (on y pourrait joindre des poètes, Corneille et Racine), c'est nommer d'illustres écrivains dont la vie, au lieu de se terminer comme le soir d'un beau jour, a été de plus en plus engagée dans des luttes ardentes ; c'est rappeler des amitiés rompues, des cœurs déchirés et, au lieu d'un repos mérité, la guerre ne finissant qu'à la mort. Est-ce donc là le prix dont ces princes de la pensée doivent payer, en leur qualité d'hommes, la plus rare et la plus délicieuse des joies humaines, celle de la vérité conquise ? Ces suprêmes épreuves sont-elles comme la rançon de la gloire : pour les philosophes chrétiens un avertisement de s'humilier, pour tous une occasion de confesser leur faiblesse ? La vérité ne saurait donc, elle aussi, entrer dans le monde que par la douleur, et le plus précieux des biens doit-il être acheté au prix des plus cruels sacrifices ? N'est-ce pas le signe certain que nous sommes ici-bas pour la chercher plutôt que pour la posséder, pour lui obéir plutôt que pour en jouir ?

Ces réflexions et bien d'autres encore échangées sur le même sujet n'avaient pas ralenti notre marche, ni diminué, tant s'en faut, le plaisir de la promenade. La campagne, à mesure que nous avancions, avait changé peu à peu d'aspect : nous arrivions au but de notre course. Quelques maisons semées çà et là n'empêchaient point qu'elle ne ressemblât de plus en plus à une de ces solitudes chères aux Religieux d'autrefois, et où ils aimaient à se bâtir un asile. Sur une hauteur en pente douce dominant un frais vallon s'élevait l'église du village : tout près d'elle le cimetière et la maison du curé : les habitations les plus voisines étaient encore à une certaine distance. La beauté sévère du site faisait valoir le roman assez pur de l'édifice : on en avait, avec beaucoup d'intelligence, restauré le portail. Nous en fîmes le tour avant de pénétrer dans l'intérieur, et comme mes regards s'arrêtaient sur une vaste et belle habitation, pour ne pas dire un château, situé sur la hauteur qui fait face à l'église.

— Cette demeure, me dit mon jeune ami, que ne cache pas encore le feuillage naissant des arbres était, il y a quelques années, une demeure heureuse.

— A-t-elle cessé de l'être ? La mort l'aurait-elle visitée ? Soyez jusqu'au bout mon cicérone. Vous avez promis de me faire admirer un site d'une beauté quelque peu sauvage, une église comme on en voit rarement à la campagne. Une partie déjà de votre promesse est remplie, mais si belle que soit la nature, il lui manque quelque chose tant que l'homme ne l'anime point de sa présence. Son souvenir s'effacera bientôt, s'il ne s'y joint quelque autre souvenir qui touche de plus près notre cœur.

— Puisque vous aimez les souvenirs, me fut-il répondu, en voici un qui ne vous laissera pas indifférent. Regardez de tous vos yeux et, par dessus le mur peu élevé qui entoure parc et jardin, voyez l'allée exposée au midi où se promenait, à pas lents, le Père Gratry déjà gravement malade.

— Le Père Gratry !... en êtes-vous bien sûr ?... Il aurait séjourné dans cette solitude !.....

— A deux reprises, dans les dernières années de sa vie. C'est même ici qu'ont été revisées les Constitutions de l'Oratoire de France. Le Père, m'a-t-on dit, était d'une santé fort chancelante lors de son dernier voyage. Il venait de prendre avec peu de succès les eaux d'Allevard ; il accepta la gracieuse hospitalité qui lui était offerte avant de retourner à Paris.

Le nom du Père Gratry éveillait dans mon esprit tant de souvenirs d'une date déjà fort ancienne, mais toujours chers à mon cœur, que je gardai d'abord un profond silence. Ce n'était point toutefois l'heure de les reprendre un à un : aussi refoulant mon émotion je me contentai de répondre :

— Le Père Gratry ne démentira point les réflexions un peu tristes auxquelles nous nous sommes abandonnés tout à l'heure : l'histoire de sa vie pourrait au besoin les confirmer. Je l'ai connu dans les premières années de son apostolat : il m'honorait alors de son amitié. Il n'a pas échappé au sort commun de ceux que le travail de la pensée réjouit et consume, qui combattant toujours se blessent parfois de leurs propres armes. Pourquoi faut-il que les douleurs de la patrie soient venues se joindre à ses propres douleurs, qu'il soit mort, lui qui l'aimait d'un amour si tendre, avant d'être pleinement rassuré sur son salut !... Mais voyons cette église que vous m'avez dépeinte sous des couleurs si poétiques.

Il ne nous fallut que peu de temps pour l'examiner dans ses moindres détails, pour constater qu'à l'intérieur pas plus qu'au dehors aucune retouche maladroite n'avait altéré la pureté du style original. On avait beaucoup réparé, beaucoup orné, mais avec un goût parfait : dans certaines parties je ne sais quelle délicatesse extrême révélait la main ou l'inspiration d'une femme. Je ne m'étais point trompé, et quand après avoir tout vu, tout admiré, depuis les sculptures de la chaire jusqu'aux peintures du chœur et aux fresques d'une chapelle latérale, nous nous retrouvâmes sur la petite éminence qui domine le frais vallon, et d'où l'on embrasse tous les contours de la solitude :

— Permettez-moi, dit Louis S., de répondre à vos questions avant même qu'elles soient posées : je devine celles que vous allez m'adresser. Il ajouta, non sans émotion (le souvenir d'une sœur tendrement aimée qu'il avait perdue quelques mois auparavant vivait toujours dans son âme) : un seul nom, un seul souvenir, hélas! explique tout ici : le bonheur passé, la tristesse présente. Ce nom, ce souvenir sont dans tous les cœurs, dans les modestes demeures de nos paysans comme dans ce château qui retrouvera d'ici à quelques jours, sinon ses joies anciennes, au moins ses hôtes ordinaires. C'est une jeune fille qui a orné ou fait orner cette église et, des premiers essais de son pinceau, embelli la chapelle que nous visitions en dernier lieu. Comment vous la peindre aussi aimable qu'intelligente...; mais je commence un banal éloge qui convient à des milliers de jeunes filles et n'en fait connaître aucune. Mieux vaux dire d'elle avec un poète contemporain, votre compatriote :

> La perle de l'écrin, l'orgueil de la famille,
> La vie et la gaité de la maison, leur fille (1).

— La mort aurait-elle tranché de si beaux jours, anéanti toutes ces espérances?

— Non pas la mort, mais le cloître. Elle s'est d'elle-même arrachée aux siens, elle s'est donnée à Dieu. Ni tendres prières, ni pressantes instan-

---

(1) André Theuriet.

ces, ni délais prolongés n'ont pu triompher d'une vocation qui datait de l'enfance et n'avait fait que s'affermir avec l'âge. Si chrétienne que soit la famille, sa douleur a été profonde : je ne vois pas que le temps réussisse à la calmer.

Nous cessâmes quelques instants de nous entretenir, mais jamais peut-être nos pensées n'avaient été si bien d'accord. Ce n'est pas sur l'étroit vallon, sur ses arbres couverts de fleurs ni même sur les hauteurs voisines que se dirigeaient nos regards : ils s'étaient fixés sur la demeure solitaire à laquelle nous semblions vouloir arracher le secret de sa douleur tempérée par de chrétiennes espérances. Enfin, après un assez long silence auquel nous avions confié nos communes réflexions :

— Qu'en pensez-vous, mon cher Louis ? La solution du problème qui nous occupait tout à l'heure n'a-t-elle pas fait un pas, et depuis que nous nous taisons n'a-t-elle pas beaucoup avancé ?

— Je suis tenté de le croire.

— Les plus grandes douleurs dans toute âme humaine, et plus encore dans toute âme chrétienne, n'ont-elles pas des joies qui leur correspondent ?

— J'en conviens, mais convenez aussi que le dernier mot n'est pas dit sur cette indissoluble union ; elle n'est que resserrée, elle n'est pas expliquée dans son principe : nous ne voyons pas mieux sa raison dernière. Le mystère subsiste pour la foi comme pour la raison.

— Pour toutes deux, je l'accorde, mais non pas de la même manière. Regardez cette croix qui domine la vieille église : ne vous dit-elle rien de plus que tous nos raisonnements ? Celui que le genre humain adore dans cet état de profond abaissement n'a-t-il pas ressenti dans son corps les plus cruelles douleurs, dans son âme les plus amères tristesses ! Et pourtant quelle joie que celle d'avoir, même à ce prix, sauvé le monde !

— Je crois vous entendre : permettez que j'achève. La foi et la raison s'arrêtent l'une et l'autre devant le mystère qu'on peut appeler, si l'on y tient, l'inconnu ou l'inconnaissable. Seulement pour l'une le mystère est purement mystère, l'inconnu est uniquement l'inconnu : il est fait de limites et de ténèbres, rien davantage. Pour l'autre le mystère est vivant et communique la vie, il purifie le cœur, il élève la pensée, il nourrit l'âme. La raison est tout entière à la tristesse de ne pouvoir expliquer le mystère; la foi est pénétrée, quand elle le contemple, d'une joie pure et fortifiante. Il est bon d'être philosophe, mais ce qui vaut mieux encore, dans l'intérêt de la vérité qu'on cherche et de la vie qu'il faut traverser entre ces deux compagnes inséparables, le tristesse et la joie, c'est d'être à la fois philosophe et chrétien.

Je convins qu'il en était ainsi et nous reprîmes ensemble le chemin de la ville.

UN CYCLE RELIGIEUX.

(1802-1878.)

17 juillet 1883.

Nous avions gravi lentement la colline, comme il convient à des hommes prudents, au cœur de Juillet, entre trois et quatre heures de l'après-midi : encore quelques pas et nous touchions au bois de chênes qui la couronne. Des deux frères qui m'accompagnaient, l'un, l'aîné, avait plusieurs fois déjà contemplé le magnifique spectacle qui, du Mont-Blanc au col de l'Arc, des Alpes dauphinoises au massif de la Grande-Chartreuse se déroulait à nos regards. La vallée du Grésivaudan tout entière, celle du Drac à partir de son confluent avec la Romanche, Grenoble et ses citadelles, Vizille en face de nous mais caché par une colline, les neiges éternelles, les sombres sapinières, les fraîches vallées, une foule de villages et quelques châteaux, c'était assurément de quoi satisfaire les plus difficiles en fait de variété, de richesse et de grandeur. Il n'en fallait pas tant pour ravir l'âme du jeune Sulpicien qui, la veille encore, enseveli dans ses livres, se trouvait soudain transporté en face d'une nature dont il ne soupçonnait pas les merveilles. Les chemins de fer ont supprimé les transitions aussi bien que les distances : ils nous font sentir et vivre avec une rapidité qui accroît nos plaisirs, quand elle n'en tarit pas la source.

Moins sensible que son frère à des beautés qu'il connaissait et appréciait depuis trois ans, Paul F. consentit à lui donner, du siège rustique où nous nous étions assis sur la lisière du bois, tous les renseignements qu'il demandait, bien qu'il lui tardât de revenir à un sujet de conversation plus intéressant. Nous venions, en effet, de lire un ouvrage dont on avait douté s'il verrait jamais le jour, tant les délais succédaient aux délais : *la Vie de Monseigneur d'Orléans* par son ancien grand-vicaire, *l'abbé Lagrange*. Les deux premiers volumes venaient enfin de paraître ; le troisième était annoncé pour une date prochaine.

« C'est trop tard, disaient les uns : qui songe encore à Monseigneur Dupanloup ? Il eût fallu vous en parler dans les six mois qui ont suivi sa mort ; d'autres personnages occupent aujourd'hui votre attention. Rien n'est mobile comme le théâtre des choses humaines : rien n'est prompt comme l'oubli. » — « C'est trop tôt, disaient les autres : l'évêque d'Orléans n'appartient pas encore à l'histoire. Le nombre est encore trop considérable de ses amis et de ses adversaires, pour qu'on puisse le juger avec impartialité ; les événements auxquels il a pris part sont trop près de nous, les luttes où il a paru avec tant d'éclat sont à peine terminées. »

Pour nous, prenant la question de moins haut, nous approuvions sans réserve l'heureuse idée qu'avait eue l'auteur de faire parler le plus souvent possible, faut-il dire son héros, ou son ami, ou l'abbé Dupanloup, de transcrire de longs passages de ses écrits, de longs extraits de sa correspondance. Il nous semblait que le meilleur moyen de rendre en quelque sorte la vie à un homme illustre, c'est de lui donner la parole pour s'expliquer ou pour se défendre. C'est un procédé dont les anciens ont connu tout le prix, dont ils ont usé jusqu'à l'excès, toujours au profit de l'art, quelquefois au détriment de la vérité. Mais il ne s'agissait pas ici de discours inventés, de lettres imaginées avec plus ou moins d'artifices : tout était précis, authentique comme l'exigent avec

18

tant de raison les modernes, et comme on l'enseigne à l'École des Chartes.

Paul F. avait été, avant de se vouer à l'étude du Droit civil et du Droit romain, un de ses élèves les plus distingués : il goûtait donc plus que personne la sage méthode de l'abbé Lagrange. Mais ce même sens critique qui approuvait sans réserve le procédé pris dans son ensemble s'exerçait à l'aise, de la Préface au dernier chapitre, sur certains points qui lui semblaient mériter moins d'éloges. Cette Préface elle-même il l'eût désirée simple et grande comme celui dont on se proposait d'écrire l'histoire, généreuse comme il en avait donné plus d'une fois l'exemple, mais surtout libre d'allusions à des luttes qu'il faut oublier, à des adversaires auxquels l'heure est venue de tendre la main. Je soupçonne mon jeune ami d'en avoir préparé, rédigé, corrigé dans sa tête une toute différente, à titre d'essai provisoire, tandis que nous gravissions la colline sous un soleil heureusement voilé depuis quelques minutes, et que je répondais aux questions de son frère sur les personnes et les choses d'un pays où tout était nouveau pour lui. En tout cas la rédaction en était fort avancée quand nous arrivâmes au petit bois de chênes, et l'occasion s'offrit bientôt de nous en réciter les premières lignes. Elles étaient, si ma mémoire n'est pas absolument infidèle, à peu près conçues en ces termes :

« Nous essaierons d'écrire l'histoire de Monseigneur d'Orléans, comme si un demi-siècle s'était écoulé depuis sa mort, et comme on consentirait à l'entendre au séjour de la lumière et de la paix. La vérité qu'il a aimée durant sa vie, nous la lui devons plus que jamais après sa mort : nos lecteurs, la postérité n'y ont pas un moindre droit. Les grands exemples qui sont aussi les grandes leçons empruntent tout leur prix à la sincérité de l'historien ; d'ailleurs les hommes goûtent peu, et ils ne songeraient pas à imiter des vertus où ils ne découvrent rien d'humain : ni troubles, ni repentirs, ni la moindre trace de passagère défaillance.

« Aussi bien l'heure présente est des plus favorables : c'est celle où les souvenirs qu'il s'agit de fixer sont encore vivants dans mon cœur et dans ma mémoire ; c'est celle où les luttes s'apaisent, où le temps ayant fait un pas, et la mort son œuvre, une période est terminée, et comme un grand Cycle est sur le point de se fermer dans l'histoire de l'Église, et surtout dans l'histoire de l'Église de France. »

A ces mots Cycle, Église, Église de France, l'abbé Georges F.... qui n'avait prêté, je le crains, qu'une médiocre attention à l'éloquence de son frère, l'interrompit pour lui demander certaines explications que son ignorance des livres et des choses du temps présent rendait nécessaires. On forme avec le plus grand soin les jeunes clercs de Saint-Sulpice à la piété et à la science des choses divines, fort peu à la connaissance approfondie de l'histoire contemporaine, encore moins à celle des livres nouveaux, fussent-ils écrits par des membres du clergé. Ce n'est pas non plus sur la route d'Issy à Saint-Sulpice, parcourue tous les huit jours à grands pas de séminariste, qu'on trouve la réponse aux nombreuses questions que soulevait cette Préface improvisée. Surtout ce mot *Cycle*, réservé d'ordinaire pour l'histoire profane et pour celle des Lettres, sonnait mal aux oreilles de l'élève en théologie, et il s'étonnait que son frère l'appliquât à l'Église et à ses Annales. J'intervins, et prenant la défense d'un terme en lui-même fort innocent, j'essayai d'établir qu'on a droit d'employer, en toute question et en toute occasion, les mots les plus clairs, les plus propres à exprimer sa pensée, quand ils n'ont pas d'ailleurs, par suite d'un long usage, une destination unique et immuable. Celui-ci, en vertu de son étymologie, est le meilleur qu'on puisse choisir pour exprimer une idée qui me semble exacte, alors même qu'elle surprendrait au premier abord par une apparence de nouveauté.

« N'avez-vous point remarqué, lui dis-je, que, dans la marche de l'Église à travers les siècles, tantôt le mouvement de la pensée s'accélère, et tantôt il se ralentit, que certaines périodes sont remarquables entre toutes par la vivacité et l'âpreté des controverses, que d'autres se distinguent par le nombre des écrivains et des orateurs d'un rare mérite. La philosophie et la théologie toujours cultivées avec le même soin ont brillé pourtant, à certaines heures, d'un plus vif éclat. Les périodes sont assez nombreuses durant lesquelles le génie politique et la science de gouverner les hommes occupent dans l'Église sinon le premier rang, du moins une très grande place. Laissons de côté ces emplois secondaires de la force divine et inépuisable qui est en elle : bornons-nous à l'envisager dans trois de ses manifestations les plus ordinaires : l'éloquence, la philosophie, la théologie, qu'on pourrait réduire à une seule, la pensée.

« Quel siècle, à ce point de vue, que le quatrième, un peu avant et longtemps après le Concile de Nicée ! Quelle suite de noms illustres et de livres justement célèbres ! Quelle abondance de vues originales, quelle éloquence, quelle sainteté ! Saint Athanase, saint Grégoire de Naziance, saint Basile, saint Ephrem, saint Jean-Chrysostôme, et un peu plus tard saint Ambroise, saint

Jérôme, saint Augustin, pour ne citer que les plus grands, n'ont pas été seulement les défenseurs de l'Église et de sa doctrine : ils sont au premier rang dans l'histoire des Lettres, quelques-uns dans celle de la pensée. Et toutefois ce n'était point la première période, le premier cycle, le premier moment (peu importent les noms, si nous sommes d'accord sur le fond des choses), ce ne sera pas le dernier dans l'Histoire générale de l'Église. En effet des voix isolées ne cessent de se faire entendre, et dominant par intervalles le formidable tumulte des invasions elles convient les hommes de bonne volonté à relever les ruines qui s'accumulent. A leur appel ceux-ci se groupent : des Écoles se forment auxquelles succéderont bientôt des Universités, et le mouvement de la pensée reprenant son cours on voit les luttes, les diversités renaître, et, dans l'unité la plus magnifique, toutes les directions légitimes de l'esprit. Il serait facile dans cet espace de six siècles et, en se plaçant tour à tour aux différents points de vue de la science sacrée, de la sainteté, de l'éloquence, de compter quatre ou cinq cycles successivement ouverts et fermés. Je me borne à vous rappeler l'un des plus fameux, celui qui remplit la meilleure partie du treizième siècle, et où les noms de saint Thomas d'Aquin et de saint Bonaventure brillent d'un incomparable éclat.

« La suite appartient à l'histoire des temps modernes, celle que nous croyons connaître le mieux, dont les détails sont, en effet, étudiés de nos jours avec le plus grand soin, mais où l'on néglige trop peut-être de distinguer les périodes marquées chacune d'un caractère particulier, et comme destinées à une œuvre spéciale. C'est ainsi que la vérité s'avance à travers le monde, dans un concours merveilleux des grands théologiens et des grands philosophes, des sages et des saints, des âmes héroïques ou simplement belles et pures. Les contradictions l'affermissent, les épreuves la purifient, les controverses la font briller d'un plus vif éclat. Elle sort de chacune d'elles, on eût dit autrefois avec une vertu ou un rayon de plus, disons, pour parler la langue de nos jours, avec une force vive qui n'était d'abord, en son sein, qu'une force latente. J'ajouterai que si ce spectacle a parfois, pour les contemporains et pour ceux qui l'envisagent de trop près, des côtés obscurs, sombres, affligeants (où sont ici-bas les luttes sans souffrance, sans aigreur et sans amertume!), en revanche il est, pour la postérité qui le contemple, d'une beauté sans égale. En effet, le bruit des disputes est tombé comme celui du vent qui s'apaise après une longue tourmente, les hommes sont morts en pardonnant, les imperfections et les petitesses ont pour jamais disparu dans la grandeur du résultat et l'éclat de la lumière ; on n'aperçoit plus que l'énergie et la diversité des caractères, la puissance du génie, celle de l'éloquence, des œuvres fondées qui dureront des siècles, des livres écrits qui dureront autant que l'humanité.

« Mais ce n'est pas seulement dans l'Église universelle considérée comme un corps unique et sans cesse grandissant que se manifeste cette variété dans l'unité, que s'ouvrent et se ferment ces cycles dont chacun a sa lumière et sa beauté. Çà et là, dans le cours des âges, telle ou telle Église particulière devient parfois, dans le sein de la grande Église et dans une étroite union avec son centre, un foyer d'activité intellectuelle, un théâtre d'éloquence, une école de sainteté. Pour ne point parler de l'Asie-Mineure, de l'Égypte, de l'Afrique, de l'Italie, de l'Espagne, de l'Irlande, de la Pologne, de l'Allemagne, qui nous présenteraient tour à tour un ou plusieurs de ces cycles particuliers, et pour nous établir en pleine histoire contemporaine, voyez ce qui se passe depuis trente ou quarante ans dans l'Église catholique d'Angleterre si faible par le nombre, si grande par le travail de la pensée et celui de la vertu. L'Ile des Saints comptait déjà au moins deux de ces périodes qui s'imposent à l'attention de la postérité ; celle qui se développe aujourd'hui, et que les noms de

Wiseman, de Faber, de Manning, de Newman ont fait assez connaître ne sera pas moins digne de notre étude et de notre admiration. Parallèlement à ce cycle dont les caractères sont si bien déterminés, vous n'ignorez pas qu'au-delà des mers, dans l'immense empire des États-Unis, l'esprit d'organisation, l'esprit créateur qui est l'esprit même de l'Église, enfante des merveilles, multiplie les œuvres avec les diocèses, fonde des traditions, ouvre des écoles, en un mot se déploie dans une direction qui, pour n'être pas encore celle de l'éloquence et de la pensée, n'en suffit pas moins à marquer ce premier âge d'un caractère désormais ineffaçable de puissance et de grandeur. Bien plus loin de nous, dans la cathédrale de Sydney, on assure que l'Église d'Australie s'annonce au monde par des discours aussi solides qu'éloquents. Mais c'est là seulement comme une brillante aurore : nous n'en pouvons induire encore que l'espérance d'un beau jour. »

J'allais pousser plus loin cette revue des différentes Églises au dix-neuvième siècle, quand Georges F. m'arrêta court, et avec toute la politesse qui convenait à son âge et à son état, me pria de vouloir bien lui dire quel orateur j'avais en vue, et lui permettre une objection. Ce fut bientôt fait de nommer Mgr Waughan (1), archevêque de Sydney, auteur des Conférences qu'on a depuis traduites en français : l'objection demanda plus de temps. On peut la résumer ainsi :

« Il me semble que vous élevez bien haut l'éloquence et que vous lui accordez, dans l'histoire de la pensée et dans celle de l'Église, une importance qu'elle n'a point. Le premier rang n'est-il pas à la doctrine, à la sainteté; et l'éloquence est-elle autre chose qu'un ornement incapable de rien ajouter à la vérité et à sa valeur absolue ? »

Pour m'entendre avec Georges F., peut-être même, je le soupçonne du moins, avec la secrète pensée de son frère, sur ce point délicat de l'éloquence et sur tant d'autres questions qui s'y rattachent, celle du style et de l'art d'écrire en premier lieu, le plus sage eût été sans aucun doute de proposer d'abord une définition. Rejetée ou admise, celle-ci nous eût peu à peu, de correction en correction, conduits à admettre deux ou trois vérités indiscutables d'où les autres seraient sorties sans effort. Ce n'était point l'heure et le lieu

---

(1) Nous venons d'apprendre, avec grand regret, sa mort soudaine et récente (automne de 1883). Son frère ou tout au moins son très proche parent vient d'être nommé Coadjuteur de Mgr Manning.

de procéder avec une aussi rigoureuse exactitude. Une simple distinction, facile à établir, facile à comprendre, faisait mieux notre affaire. Je la proposai à peu près comme il suit :

« Il me serait facile, monsieur l'abbé, de vous répondre en invoquant une autorité que vous ne récuserez point, celle de l'Église elle-même. Elle a, dans tous les temps, honoré l'éloquence ; elle l'a regardée comme un privilège divinement accordé à quelques-uns de ses enfants dans l'intérêt de la vérité qu'ils avaient mission d'exposer et de répandre. Mais laissons de côté cette preuve par les faits, et beaucoup d'autres témoignages qu'on pourrait invoquer en faveur de l'éloquence : bornons-nous à rappeler qu'elle peut être envisagée à deux points de vue principaux, et qu'en tout temps, en tout lieu, ses rapports avec la pensée et la vérité sont des plus étroits. On aurait tort, en effet, de croire qu'elle appartient uniquement à ces discours publics où elle nous apparaît revêtue de tous les ornements, relevée par toutes les séductions du langage, animée par le sentiment, agrandie par l'imagination, transportée par la passion. Vous reconnaissez à ces traits l'éloquence en quelque sorte sensible, populaire, ou du moins à la portée du plus grand nombre : c'est même, si vous le voulez, la forme la plus connue, la plus goûtée de l'éloquence. Mais est-ce bien la seule, et n'y a-t-il point, sans pousser plus loin l'analyse, une autre éloquence simple et forte comme les pensées qu'elle exprime, nue, si vous le voulez, comme on représente quelquefois la vérité, mais comme elle aussi d'une beauté sévère et imposante ? C'est du sein de la méditation qu'elle jaillit avec la pensée dont elle est inséparable. Elle n'a garde, j'en conviens, de se répandre en discours pompeux, en brillantes images, en digressions pleines d'intérêt : elle se borne à dire ce qu'elle sait, comme elle veut qu'on le comprenne. Le mot propre est le seul qu'elle connaisse et qu'elle emploie : mais tandis qu'on semble ailleurs le chercher à travers de longs détours, pour ne le donner qu'à la fin ou ne le point donner du tout, elle le trouve aussitôt et l'établit où il convient. Qu'elle soit brève et concise comme il lui arrive d'ordinaire, ou qu'elle prenne un peu plus de champ, elle ne dit jamais rien d'inutile ou d'obscur, elle n'est jamais sans vigueur : voilà ses deux principaux caractères.

« C'est l'éloquence d'Aristote dans une langue parvenue à sa perfection ; c'est, après lui, celle d'un petit nombre de philosophes stoïciens dans l'antiquité. Au Moyen Age, c'est l'éloquence de saint Thomas d'Aquin, assez puissante pour imposer à la langue barbare dont l'École se servait l'ineffaçable empreinte de sa rectitude. C'est plus tard l'éloquence de Descartes luttant contre une langue encore mal assouplie, et la contraignant de rendre sa pensée dans toute sa vigueur : je ne cite que les plus grands noms. Or cette éloquence qu'on pourrait appeler l'éloquence de la pensée où n'a-t-elle point sa place, et qui de nous n'a pas des droits sur elle, alors même qu'il néglige de les exercer? Qui de nous ne la reconnaît aussitôt dans les écrits des maîtres de la pensée, ne regrette son absence dans les livres où elle est remplacée par un style lâche et diffus ? Quelle pensée, en effet, recueillir chez un auteur qui n'a point pris la peine d'achever sa pensée, et qui, ne sachant pas tout ce qu'elle contient, est incapable de le faire savoir aux autres !

« Et maintenant, dites-le moi : l'éloquence vous semble-t-elle encore indigne du haut rang que nous lui accordions tout à l'heure, elle qui, dans le discours public, fait de la pensée l'usage le plus merveilleux, elle qui, dans les œuvres des méditatifs, des philosophes, des moralistes, et, pourquoi ne pas le dire, des historiens et des savants, n'est autre chose que la pensée et la vérité dans tout leur éclat! Elle possède, avec la musique, le privilège de s'emparer aussitôt des âmes, de les séduire et de les transporter ; il n'y faut guère plus d'analyse et de culture ; l'impression est soudaine, souvent irrésistible. La différence, mais elle est capitale, c'est que la musique s'adresse surtout au sentiment, l'éloquence à l'entendement, que l'une nous transmet de vagues impressions, l'autre des notions précises. Le dernier mot de l'éloquence, son signe et son titre c'est donc toujours la pensée, la pensée sans laquelle elle ne serait point, la pensée qu'elle revêt de beauté et de splendeur, en échange de la force intérieure que celle-ci lui communique. »

— A ce compte, nous voilà bien malades à l'École des Chartes, — je n'ai pas besoin de dire d'où partait cette exclamation. — Nous n'abusons pas de la pensée, tout le monde en convient, et pour notre style les juges les plus courtois lui reprochent un *je ne sais quoi terne et gris* dont nos meilleurs Mémoires gardent encore la trace.

— Vous faites tort à vos collègues; pas plus tard qu'hier je lisais sur Mademoiselle de La Vallière, devenue Sœur Louise de la Miséricorde, une Étude (1) aussi intéressante qu'elle est exacte, d'un style aisé, naturel, animé.....

— C'est une exception.

— A laquelle une foule d'autres s'ajoutent chaque jour, si bien que l'exception ne tardera pas à

---

(1) Œuvre de Monsieur Lair, ancien élève de l'École des Chartes.

devenir la règle. Ne voyez-vous pas que cette longue période d'analyse où l'École des Chartes, l'École normale, celle des Hautes-Études nous ont rendu de signalés services, étant, ou peu s'en faut, parvenue à son terme, nous nous rapprochons d'une nouvelle période de synthèse.

— Vous parlez comme Saint-Simon lui-même ; c'est bien lui, si je ne me trompe, qui a imaginé cette division.

— C'est lui, n'en doutez pas ; mais ce qu'il n'a point dit (prévoyait-il les bizarres théories de quelques-uns de ses élèves sur le style et sur l'éloquence), c'est que si les périodes d'analyse comptent un nombre prodigieux d'érudits, d'archéologues, de philologues, de géologues, d'épigraphistes, si leur principale occupation est de scruter, de sonder, de disséquer, de transcrire, de traduire, de commenter, en un mot d'analyser, les périodes de synthèse qui sont aussi les périodes de transmission au large et au loin, comptent un plus grand nombre d'hommes éloquents. Les premières sont les âges de travail fécond, mais un peu terne, comme vous disiez tout à l'heure : on n'y donne presque rien à l'art et à la beauté. C'est le contraire dans les âges de synthèse, et la vérité qu'on avait longtemps et laborieusement cherchée s'y fait voir aux hommes avec les attraits qui lui sont propres et qui les captivent. C'est alors que les philosophes dominant le passé qu'ils connaissent, recommencent à penser par eux-mêmes et de toute leur âme. C'est alors que les savants écrivent leurs découvertes dans des pages immortelles qui en font deux fois leur conquête. C'est alors que les orateurs nourrissent leurs discours des pensées des sages, des leçons de l'histoire, et qu'avec plus de discrétion ils s'inspirent des grandes vues de la science et de ses plus récentes découvertes. On ne parle plus seulement à son pays, à ses concitoyens ; on se sent je ne sais quel droit de s'adresser au genre humain tout entier, et le langage s'élève comme de lui-même, à mesure que l'auditoire devient peu à peu tout l'univers.

— En vérité, voilà plus que je n'espérais et n'avais droit d'attendre. Vous réussissez à mettre Saint Simon de notre parti ; vous faites de l'École des Chartes une préparation lointaine à la solide éloquence ; les périodes de synthèse deviennent, je ne sais comment, et sans qu'on ait grand'chose à vous opposer, les cycles qui ont si fort effarouché mon frère. Qu'il vous adresse encore la plus légère objection, et j'y répondrai à mon tour, de manière à faire voir que je suis entré pleinement dans votre pensée. Voyons, cherchons sans tarder, des termes de comparaison. L'école éclectique, par exemple......

— Je vous vois venir ; je connais dès longtemps vos secrètes antipathies.

— L'école éclectique elle-même........

— Cet *elle-même* ne m'annonce rien de bon pour elle.

— Je le retranche. L'école éclectique aurait-elle laissé une trace profonde de son passage, si elle s'en était tenue aux laborieuses et diffuses analyses de ses consciencieux psychologues? Leurs découvertes ne sont-elles pas de celles qui s'enlèvent et se transportent, comme Buffon l'a si bien dit? Des découvertes nouvelles, des observations plus exactes les font bientôt oublier. Mais oubliera-t-on les leçons éloquentes de Victor Cousin sur le Vrai et le Beau, quelques pages émues, quelques délicates analyses de Jouffroy, la vivacité, l'imagination brillante du premier, le charme mélancolique du second (je ne parle pas, bien entendu, des doctrines) ; oubliera-t-on leur disciple fidèle devenu plus tard un véritable orateur ?.....

— Vous mêlez à dessein l'éloge et le blâme, et vous les assaisonnez d'une légère ironie, afin de savoir toute ma pensée sur une école trop voisine de nous pour qu'on puisse la juger avec impartialité : je démêle sans peine votre secrète intention.

— Vous pourriez vous tromper, et toutefois je

voudrais bien savoir où vous découvrez, dans l'école éclectique, cette éloquence de la pensée dont vous parliez tout à l'heure, c'est-à-dire, pour un philosophe, la solide éloquence.

— Elle y est, n'en doutez pas : j'essaierai de vous le faire voir un jour, et si je n'y réussis pas au gré de mes désirs, du moins me sera-t-il facile de vous la montrer chez quelques philosophes tour à tour alliés ou adversaires de l'école éclectique dont ils se séparent sur des points assez importants. A vrai dire, celle-ci ne saurait à elle seule, malgré le talent de son chef et son éloquence, former un cycle philosophique complet : il y faut joindre ceux des philosophes contemporains qui ne lui sont pas ouvertement hostiles, et qui ne comptent pas non plus parmi les défenseurs ou les fidèles alliés de l'Église.

— L'Église...... mais il semble, messieurs, que nous en sommes un peu loin, et que, de digression en digression, sous prétexte de satisfaire ma curiosité et d'éclairer ma conscience, nous nous en écartons un peu plus à chaque instant. Nous voici à mille lieues de monsieur l'abbé Lagrange et de son histoire, de Monseigneur Dupanloup et du cycle religieux qui, du moins on peut le craindre, est sur le point de se fermer.

— Nous en sommes, monsieur l'abbé, plus près que vous ne croyez, et, à vrai dire, chacune de ces digressions nous en rapproche. L'éloquence dont nous nous entretenons nous y conduit tout droit, et non seulement elle nous y conduit, elle est comme le dernier mot du cycle qui s'est ouvert, dans notre pays, avec le siècle lui-même. Ne remarquez-vous point que l'éloquence naturelle à notre nation, mais que l'imperfection de la langue et d'autres obstacles avaient longtemps comprimée est, à l'époque présente, le caractère dominant de notre littérature. Au dix-septième siècle les orateurs sacrés et les poètes tragiques la cultivaient à peu près seuls : il est vrai qu'ils lui ont fait produire d'admirables fruits. Non seulement les mêmes barrières, les mêmes entraves subsistent au siècle suivant, mais pour des causes qu'on a maintes fois analysées, un mal secret s'attaque à l'éloquence et l'altère : on déclame, en effet, au théâtre, dans la chaire chrétienne, dans le livre de philosophie ou de morale, et jusque dans l'histoire. Sans doute la véritable éloquence n'a point disparu, mais elle se montre rarement ; ce n'est pas dans les salons, au sein d'une vie mondaine, frivole, égoïste, qu'elle pourrait se développer : l'air n'y est pas assez pur, la vie n'y est pas assez naturelle, on y voit les hommes de trop loin, et on oublie bientôt ce qu'ils sont. Pour l'éloquence qui naît dans l'indigence et la solitude des mansardes, on sait combien facilement elle devient amère et violente : elle aussi manque d'espace et de lumière. De nos jours c'est tout autre chose, et après la tempête qui a du moins purifié l'air par sa violence, et les âmes par l'épreuve de la douleur, toutes ces vanités de salons, de soupers épicuriens, de vie frivole et factice ont disparu pour un temps ; les circonstances ont été de nouveau, et au plus haut point, favorables à l'éloquence.

« Ames d'hommes et de citoyens remuées jusque dans leurs plus secrètes profondeurs, intérêts anciens et intérêts nouveaux sans cesse en conflit, libertés conquises à protéger et à régler, convictions religieuses vivement attaquées, non moins vivement défendues ; deux sociétés en présence, deux esprits se disputant la domination des intelligences, des tribunes partout dressées, des chaires relevées, des genres créés pour répondre à des appels que nos pères n'avaient pas entendus, un désir ardent et comme une passion de répandre dans le monde entier les idées dont la France était devenue le foyer, et sa langue le canal ordinaire : en voilà plus qu'il n'en fallait pour imprimer à la littérature française du dix-neuvième siècle son caractère dominant, pour la marquer au sceau, non du bien dire, mais de l'éloquence. Non seulement l'Église s'est associée à

ce grand et universel effort, on pourrait dire qu'elle en a donné le signal. En effet, au début de ce siècle, dans le profond silence des Lettres françaises, quelles sont les deux voix qui se font entendre les premières, l'une aux extrémités du Nord, l'autre au cœur même de la France?....
Vous avez lu, monsieur l'abbé, les œuvres du comte Joseph de Maistre?

— Non pas toutes, mais les principales. Je les croyais d'ailleurs de date plus récente.

— Il est vrai : elles n'ont guère pénétré en France avant les premières années de la Restauration, mais elles ont été écrites en Russie de 1804 à 1816.

— Pour la seconde voix, je crois la connaître : c'est celle de Châteaubriand, car le *Génie du Christianisme* est de 1802, du moins sous sa dernière forme, et nous savons tous avec quel enthousiasme il fut accueilli, quelle impression profonde il produisit sur cette société qui cherchait sa voie et ne s'attendait à rien de pareil. J'accorde qu'aucune œuvre ne peut lui être comparée dans cette renaissance de la religion et des Lettres; mais si le *Génie du Christianisme* brille au premier rang parmi les chefs-d'œuvre de l'imagination et de la poésie, convenez, monsieur, qu'au point de vue de la doctrine, l'auteur ne s'est pas mis en frais, et que le fond n'est pas d'une extrême richesse.

— D'une richesse qui lui soit propre, j'y consens : mais avec quel art, avec quelle intelligence (j'en excepte quelques opinions hasardées et certains excès pardonnables chez un poète) il a su mettre à profit la doctrine de l'Église catholique dont il connaissait au moins les dogmes essentiels, dont l'esprit l'avait pénétré dès son enfance. Il ne lui aurait servi de rien, dans un tel sujet, de posséder la plus riche imagination, le don d'écrire le plus rare, s'il n'avait été soutenu par un fond solide de pensées, qu'elles soient à lui ou qu'il les ait empruntées d'ailleurs. Croyez-vous que les grands auteurs ne doivent qu'à leur seul génie, je ne dis pas les réflexions judicieuses éparses çà et là dans leurs discours, mais ces riches, ces fortes pensées qui les distinguent aussitôt des déclamateurs, des sophistes, de ceux qui parlent durant de longues heures pour ne rien dire, ou pour dire des riens ?

— Je suis si bien, monsieur, de votre avis que je pourrais le fortifier de plusieurs citations empruntées à Démosthène, à Cicéron, à Bossuet, à Fénelon. Elles sont entrées sans effort dans ma mémoire. Il en est même quelques-unes que je pourrais vous redire par cœur, et mot pour mot.

Paul F. ayant déclaré qu'il dispensait son frère

de fournir la preuve, nous continuâmes à passer en revue les écrivains alliés ou défenseurs de l'Église qui n'avaient pas tardé à s'engager dans la voie si glorieusement ouverte. Un des premiers, de Bonald, avait conquis une réputation bien méritée par des écrits où l'éloquence de la pensée brille en plus d'une page. — « Avec une rare persévérance, quelquefois avec une réelle sagacité, je n'oserais dire toutefois avec une logique infaillible, il avait abordé, traité, repris encore les questions les plus difficiles, celles qui touchent à l'origine du langage, à la nature et aux lois de la société. Ces problèmes, et tant d'autres qui s'y rattachent, ceux que Joseph de Maistre s'efforçait de résoudre à la même époque : le gouvernement du monde par la Providence, les causes secrètes, la marche, les suites probables des grandes révolutions dans leurs rapports avec la liberté de l'homme, voilà assurément des questions philosophiques, ou la philosophie n'est qu'un pur bavardage. Vous le voyez donc : c'est par l'éloquence de la pensée que ce cycle débute en même temps que par celle de l'imagination, si ces mots, comme je le crois, peuvent être associés.

« Des noms aujourd'hui moins connus partageaient alors avec ces noms célèbres l'attention du monde religieux. Le cardinal de La Luzerne écrivait d'un style clair, précis, sur Dieu, l'âme, la liberté, des dissertations philosophiques trop vite oubliées. Le cardinal de Bausset faisait revivre au dix-neuvième siècle les traditions du dix-septième ; il s'efforçait d'unir l'une à l'autre les deux époques en publiant la vie de Bossuet, un peu plus tard celle de Fénelon. Enfin l'abbé de Frayssinous inaugurait à Saint-Sulpice la nouvelle Apologétique chrétienne — si dignement représentée jusqu'à nos jours sous les formes les plus diverses, — dans des conférences où sa polémique courtoise, son élégante et facile parole préludaient, sans qu'on osât l'espérer encore, aux accents de la haute éloquence.

« Elle allait, comme toujours, renaître au milieu des combats, à la suite des déchirements les plus pénibles, et nous consoler d'une grande chute, celle d'un philosophe qui nous appartient par la première et la plus belle partie de sa vie. Ce n'est pas ici le lieu de juger l'*Essai sur l'Indifférence*, ni l'*Esquisse d'une philosophie*, ni ce style fait de passion et de pensée, d'une éloquence nouvelle, étrange, amère, où l'imagination, le dédain, la poésie, la colère avaient tant de part, ni ces étonnantes variations que n'explique pas seulement une absolue confiance en ses propres lumières, ni ce caractère formé de tous les contrastes ; bornons-nous à une simple remarque, mais elle a son prix. Ces hommes si différents par le génie, l'esprit, la vocation, le caractère, dont l'un écrivait à Saint-Pétersbourg, l'autre commençait d'écrire en Angleterre, et la plupart finissaient par se rencontrer à Paris, ces hommes se sont connus, encouragés et mutuellement conseillés : ils appartiennent, je ne dirai pas à la même école, mais au même cycle religieux. Combien sont précieuses pour l'histoire de leur temps les lettres trop rares échangées de 1812 à 1821 entre Joseph de Maistre et le vicomte de Bonald. Comme elles nous font pénétrer dans la vie de leur âme et dans leurs plus intimes pensées ! »

— En vérité c'est un grand bonheur pour l'un et pour l'autre, et j'engage mon frère, comme j'exhorte assez souvent mes élèves, à ne point étudier les œuvres de Joseph de Maistre avant d'avoir lu sa correspondance. Sinon ils prendraient de lui, de son esprit et de son caractère, — je ne parle pas de son style, — une idée très fausse qu'il leur serait difficile ensuite de rectifier. Sauriez-vous me dire pourquoi ces hommes, de Maistre surtout, si absolus dans leurs livres, sont parfois si mesurés, si conciliants dans leurs lettres ?

— C'est qu'ils ne déduisent pas à outrance.

— Est-ce donc un si grand mal de déduire ?

— C'est la chose du monde la plus utile, pourvu qu'elle admette de justes tempéraments.

La logique n'est pas aussi exigeante qu'il semble au premier abord, ou plutôt elle exige que nous rompions de temps à autre avec elle et avec ses règles absolues; disons mieux : il y a deux logiques.

— Lesquelles, je vous prie? J'ai toujours cru qu'il n'y en avait qu'une seule.

— « Celle des livres et celle de la vie; celle où l'on enseigne les règles, et celle de l'expérience qui la complète. Mais ne vous effrayez pas : ces deux logiques en réalité n'en font qu'une; ces lois du raisonnement qui ne changent point s'appliquent à la vie humaine, — c'est tout dire d'un mot, — dans les circonstances les plus variées, dans les milieux les plus différents. Ces principes dont on ne retranchera jamais un *iota* sont expliqués par d'autres principes d'une valeur non moins absolue.

« Le mal de certains esprits d'ailleurs vigoureux, c'est de n'en voir qu'un seul et d'oublier tous les autres, c'est de ne les point considérer dans leur suite et leur enchaînement; c'est aussi de ne point savoir tout ce qu'il faudrait pour déduire sans écart et sans erreur. Les livres qu'on écrit dans son cabinet, pour des hommes qu'on n'a jamais vus, on les écrit trop souvent avec sa seule pensée et sur l'unique fondement de cette logique abstraite ; les lettres qu'on écrit à ses amis, on les écrit avec son âme, avec son expérience de la vie, avec tout soi-même. Puis il advient parfois que le génie redresse soudain une logique faussée, qu'un grand cœur répare l'erreur d'une déduction excessive. N'est-ce pas ce qui est arrivé maintes fois à de Maistre ? »

— J'en conviens, mais vous admettrez aussi que Lamennais représente assez bien cette logique opposée selon vous à la logique complète. Il ne voit que son principe, et il n'en voit qu'un à la fois ; il en changera plus tard, mais il ne changera pas sa manière de déduire absolue, violente. Heureusement ses disciples ne l'ont pas suivi dans cette voie de la logique impitoyable.

— « C'est que la vraie logique, mes amis, la logique de l'expérience unie à celle de la raison pure leur avait enseigné la route qu'il faut suivre ; les uns plus tôt, les autres plus tard, tous enfin y sont entrés, pour n'en plus sortir. C'est, dans notre cycle religieux, assez vaste pour qu'on puisse le subdiviser, comme le début d'une seconde phase. On a cessé de s'enquérir, de tâtonner, de s'engager à droite, à gauche, dans des directions qu'on abandonnait bientôt ; on s'est résolument séparé du maître qui voulait, en dernier lieu, imposer à ses disciples la pensée la plus étroite, bien qu'elle prétendît reposer sur le fondement du témoignage universel. On n'a plus d'autre maître que l'Église et sa doctrine étudiée dans les sources, dans les œuvres trop négligées de ses saints et de ses grands docteurs. Lacordaire que ses premiers succès n'ont pas enivré, assez maître de lui pour comprendre ce qui manque à son éloquence, s'enferme durant de longs mois, avec saint Thomas d'Aquin, dans le couvent de la Minerve. Il en sortira pour parler dans Notre-Dame à trois mille auditeurs ; et cette fois sa parole nourrie de doctrine, sans avoir rien perdu de sa force, éclairera les intelligences en même temps qu'elle remuera les consciences et les cœurs. Les conversions, les dévouements, les œuvres fécondes, les résolutions viriles naîtront et se multiplieront autour de cette chaire où l'éloquence et la pensée, dans une indissoluble union, devaient jusqu'à nos jours, aborder résolument, résoudre victorieusement les plus difficiles questions sociales, morales, religieuses.

« Partout, à la même époque, dans le clergé séculier et régulier, les fortes études renaissent, la philosophie et la théologie sont cultivées avec le plus grand soin sous la direction de maîtres éprouvés : c'est dire assez que l'éloquence va refleurir. On le reconnaît bientôt à ces Mandements d'évêques, dont un grand nombre mériteraient de passer à la postérité, à ces improvisations d'orateurs populaires s'adressant, comme il y a cent ans Beauregard et Bridaine, aux foules qu'ils entraînent, à ces Avents, à ces Carêmes prêchés dans toute la France avec une sûreté de doctrine, une force ou une élégance de parole à laquelle nos cathédrales et nos églises n'étaient plus accoutumées.

« Tant qu'ils n'avaient pas été trop étroits, les liens de l'Église avec le pouvoir civil n'avaient point gêné son apostolat ; sa fonction d'Ordre principal au sein de la vieille monarchie, en partie son œuvre et celle de ses évêques, n'avait point nui à sa fécondité. Toutefois le dix-huitième siècle avait trop fait voir ce qu'un pareil état de choses pouvait, à la longue, engendrer d'abus, de quel affaiblissement il est la cause pour ainsi dire fatale. Rendue à elle-même, l'Église de France parut d'abord comme embarrassée de cette demi-liberté dont les uns ne voulaient pas, que les autres voulaient plus complète. On allait se divisant de plus en plus dans la polémique de chaque jour, on se rapprocha dans l'étude de l'histoire et de la tradition ; bientôt même à la suite des grands maîtres du treizième siècle, on revint à une conception large et vraie de l'Église. Un livre parut enfin qui résumait ce travail des intelligences ; un monument s'éleva, en apparence par l'effort d'un seul homme, en réalité par celui d'une génération tout entière. On peut dire que l'Histoire de l'Église catholique, publiée par l'abbé Rohrbacher, l'ancien disciple de La mennais, fut l'œuvre du clergé français, le prix de ses sueurs et de ses sacrifices. Je ne me rappelle pas sans émotion, même après tant d'années écoulées, l'enthousiasme qu'excitaient les premiers volumes, les meilleurs assurément de cette Histoire si longtemps désirée, comme les prêtres les moins pauvres s'empressaient de les acheter, comme leurs amis s'inscrivaient, à tour de rôle, pour les leur emprunter, comme tous les lisaient avec bonheur, s'en pénétraient, y reconnaissant l'expression complète de leurs pensées à demi-formées, de leurs aspirations encore un peu confuses. Quel jansénisme conscient ou inconscient, quel gallicanisme auraient résisté à ces coups portés d'une main vigoureuse ! Quels esprits étroits auraient pu ne pas s'élargir devant cette universalité de l'Église proclamée par la théologie, démontrée par l'histoire !

« L'épigraphe de l'ouvrage empruntée à Saint-Épiphane : *Le commencement de toutes choses c'est la sainte Église catholique,* le premier paragraphe du premier chapitre qui en est le commentaire éloquent, ouvraient aux intelligences des horizons sans limites. L'Église subsistant de toute éternité dans le sein de Dieu, traversant les siècles, passant sur la terre pour s'en retourner dans l'éternité d'où elle est sortie : quelle grandeur dans cette conception ancienne et nouvelle ; et comment la pensée n'aurait-elle pas jailli abondante, éloquente, rien qu'à l'envisager de près et à la sonder ! Le dur labeur de l'infatigable historien, quel qu'en ait été le succès sur des points secondaires, avait largement ouvert les âmes : l'éloquence de ses jeunes amis ne tarda pas à y déposer les germes que devaient suivre de fertiles moissons.

« L'histoire de la période qui s'ouvrit alors, et qui est une des plus glorieuses pour l'Église, n'a pas encore été racontée : si nous possédons un grand nombre de monographies précieuses, il reste à décrire dans son ensemble et ses phases le mouvement qui se dessine vers l'année 1840. Je n'ai point ce qu'il faut pour tenter l'entreprise : aussi bien la patience vous manquerait, mes jeunes amis, pour m'écouter jusqu'à la fin, car les noms se pressent avec les œuvres, les souvenirs font tort aux souvenirs, et ils se présentent en si grand nombre à ma mémoire qu'il me serait difficile de leur donner une suite qui vous satisfît. Pour la première fois depuis de longues années les laïques s'associent à l'œuvre du clergé, et la tribune politique a parfois des accents que ne désavouerait pas la chaire chrétienne. A leur tour les orateurs sacrés se font entendre dans ces grandes assises de Malines présidées par un archevêque, mais où les laïques sont les plus nombreux, et où l'on traite toutes les questions qui, de près ou de loin, intéressent la vie et le développement de l'Église. Dans le même temps, et comme pour réunir tous les contrastes, un illustre évêque, devenu plus tard un prince de l'Église, adresse à ses prêtres des Instructions synodales qui, pour la clarté, la noble simplicité du langage, la force du raisonnement rappellent, sans désavantage, le chef-d'œuvre de Massillon. Près de lui, à son école et à celle des grands mystiques, se forme dans la science des voies intérieures un orateur ou plutôt un écrivain.......

— J'ai su son nom, je pourrais même dire le titre de son livre, mais on le trouverait plus facilement à Saint-Sulpice, et mieux encore à Montfleuri que dans ma bibliothèque de professeur. Je consens qu'on l'admire, à condition que vous n'oublierez pas les savants et pieux hagiographes qui se formaient à la même époque autour de l'évêque d'Orléans, et le plus souvent sous son patronage.

— J'oublierais donc le bien qu'ils m'ont fait, le plaisir qu'ils m'ont procuré à moi et à une foule de lecteurs transportés à leur suite dans les temps les plus reculés ou, de nos jours, dans toutes les contrées de l'Europe et de l'Amérique du Nord, initiés par eux aux plus profonds mystères du cœur humain et de la grâce ! Y pensez-vous ? Me croyez-vous capable d'une pareille omission ? Assurément de toutes les lectures pieuses, celle-ci est la plus attrayante et n'est pas la moins utile. Elle a pour elle, de plus que les récits fictifs : la vérité, — de plus que la leçon directe : la force de l'exemple, — de plus que les livres où l'on enseigne didactiquement, où l'on expose sèchement : la variété des tableaux, la peinture des mœurs et des caractères, le charme des récits et quelquefois celui du langage. La pensée d'ailleurs n'en est pas absente, et pour s'y montrer moins ouvertement, elle ne s'interdit pas d'y paraître et d'y parler à l'heure qui lui convient. Ce qui domine, c'est, avec la leçon discrète, une émotion douce et salutaire à l'âme, en tout l'opposé de celle qui accompagne la lecture de certains romans dont les trop vives peintures vont jusqu'à ébranler les sens, ou du journal qui s'adresse surtout à la passion.

— Et qui pourtant est une force, une puissance, comme il l'a trop bien fait voir durant ces pénibles luttes qui ont troublé la fin de notre cycle religieux. Aujourd'hui encore on s'anime rien qu'à prononcer certains noms.....

— J'en sais quelque chose pour vous avoir ouï, sans parler de plusieurs autres.

— Au point qu'on se croirait à la veille ou au plus fort de la bataille.

— Elle est pourtant bien finie.

— Et qu'on s'apprête à rendre agression pour agression, audace pour audace, ironie pour ironie, colère pour colère, injure pour injure.

— Injure est de trop, mais le reste, vous en conviendrez, appartient à l'éloquence.

— A l'éloquence, soit ; mais à l'éloquence populaire, à celle qui agit sur les masses et s'adresse bien moins à la raison qu'à la passion, à l'éloquence des tribuns, à l'éloquence du journal, sorte de tribune......

— Que ni vous, ni moi, mon cher ami, ne réussirons à renverser pas plus que nous ne l'avons élevée. Acceptons-la comme un fait, — qui oserait, de nos jours, s'inscrire en faux contre un fait, — comme une réalité dont on peut penser ce qu'on veut, mais avec laquelle il faudra toujours compter à l'avenir, et hâtons-nous de laisser là, d'oublier si nous le pouvons, tribunes et tribuns. Les grands tribuns sont morts, la tribune est presque muette : nous doutons même qu'on y entende jamais pareils accents......

« Appelons votre frère à contempler des spectacles plus agréables, plus en rapport avec ses études et sa vocation. Que dire d'un temps où ses prédécesseurs à Saint-Sulpice, où les vôtres à l'École de Droit, plus maîtres de leurs loisirs et d'en user à leur gré, pouvaient, dans l'espace de deux ou trois jours, entendre au Luxembourg ce qu'on appelait alors un grand discours du Comte de Montalembert, à Notre-Dame une conférence du Père de Ravignan ou du Père Lacordaire, s'entretenir avec l'abbé Dupanloup sur les meilleures méthodes d'enseignement et d'éducation, obtenir de l'abbé Gratry, au collège Stanislas ou à l'École Normale, une de ces conversations intimes où il donnait toute son âme avec toute sa philosophie, recueillir à la Sorbonne, des lèvres d'Ozanam, une de ces leçons où l'érudition la plus sûre s'alliait à l'éloquence, où il dépensait sans compter, les restes d'une vie qui allait trop tôt s'éteindre.

« A la suite de ces maîtres c'était encore jouissance et profit d'écouter la parole familière, abondante de l'abbé Bautain, de visiter dans leur cabinet ou dans leur cellule, — la différence n'était pas grande de l'un à l'autre, — d'Eckstein, d'une érudition vaste et sûre, fut-elle parfois un peu confuse ; l'abbé Maret, philosophe et historien de la philosophie ; l'abbé Le Hir, d'une science si solide, d'une piété et d'une autorité qui rappelaient celles de l'abbé Émery, son prédécesseur et son maître ; Bonnetty, dévoué tout entier à l'œuvre de ses *Annales*, l'abbé Gerbet, archéologue, orateur, métaphysicien profond, écrivain plein de charme ; enfin, dans ses trop rares séjours à Paris, le docte, le pieux, l'infatigable Dom Guéranger.

« Les érudits, en effet, n'ont pas manqué plus que les orateurs, à cette période brillante ; mais ce qui a manqué le moins, c'est pour tous, érudits, savants, orateurs, ce qui achève les grandes âmes : l'épreuve de la contradiction et de la souffrance. Elle s'est présentée sous la forme de la pauvreté, on pourrait dire du plus absolu dénûment, à ce Bordas-Demoulin, esprit puissant, disent les uns, encore plus bizarre et systématique répondent les autres, qui, dans sa triste mansarde, se consolait de manquer du nécessaire en pénétrant plus avant qu'on n'avait fait encore dans la pensée de Platon et dans celle de Descartes, en rêvant de réconcilier l'Église, non seulement avec ceux qui la combattent sans la connaître, — la chose est toujours facile, — mais avec des ennemis irréconciliables. Pour tous les autres vous savez comment ils ont été éprouvés dans leur vie intime et dans leur vie publique, dans leurs affections, dans leurs illusions, dans leurs espérances.

« Vous lirez, mes amis, vous lirez plus tard en son entier et dans ses détails (peut-être même l'écrira-t-on plus d'une fois), l'histoire de cette période mémorable: c'est à grands traits que nous en ébauchons aujourd'hui l'esquisse incomplète. Et toutefois, quel que soit l'art de l'historien, si parfait que soit son talent de peindre, il manquera, je le prévois, à ses tableaux un dernier degré de vie et de vérité. En effet, un caractère commun à ces orateurs, à ces philosophes, c'est que leurs écrits et leurs discours ne nous livrent qu'une partie de leur âme. Ils ont exercé sur leurs contemporains une action dont la postérité ne saura pas tout ce qu'elle fut et jusqu'où elle s'étendit. Bien peu d'orateurs ont possédé au même degré que le Père Lacordaire ces dons extérieurs dont le livre ne nous dit rien, mais qui complètent le triomphe de l'éloquence : voix tour à tour vibrante et mélodieuse, simplicité, noblesse, vérité parfaite de l'action, flamme du regard. Bien peu ont persuadé comme le Père de Ravignan, par la force de leur parole, mais aussi par l'accent d'une piété et d'une foi profondes, par je ne sais quel rayonnement de sagesse et de sainteté qui, à certaines heures, illuminait son visage. Autour du premier et au pied de sa chaire, on entendit plus d'une fois courir ce frémissement de l'admiration qui s'échappe des cœurs charmés par l'éloquence. Autour du second, aussitôt qu'il apparaissait dans la chaire, c'était le solennel silence des âmes dominées par le respect, subjuguées par la vertu avant de l'être par la puissance du raisonnement.

« Et toutefois ce n'est là, je l'affirme sans la moindre hésitation, qu'une partie de leur œuvre et de leur éloquence. Il en est une autre qui ne s'adresse pas à la foule, qui, loin de les rechercher, évite avec soin les assemblées nombreuses, qui préfère les cénacles, les réunions intimes, qui parfois même est comme la conversation d'une âme avec une âme, dans une absolue solitude. Cette éloquence que je nommerai (sans doute on trouvera mieux quelque jour) — l'*éloquence intime*,— s'allie merveilleusement avec l'éloquence de la pensée, et elle n'a guère moins de pouvoir que l'éloquence populaire. Ses origines se confondent avec celles de la philosophie : elle n'a cessé d'être un de ses auxiliaires les plus utiles. C'est l'éloquence de l'enseignement ésotérique dont l'influence fut si considérable dans les collèges des prêtres égyptiens, dans les écoles des philosophes grecs. C'est celle de Pythagore gouvernant son Institut avec une suprême autorité par la force persuasive de sa parole ; c'est celle de Socrate cultivant dans ses disciples les semences divines, formant l'âme de Platon. C'est, au Moyen Age, l'éloquence des grands Mystiques dans leurs monastères et dans leurs écoles, parmi lesquelles nous n'oublierons pas celle de Saint-Victor. »

— Dont les ruines même ont disparu, il y a quelques années : *etiam periere ruinæ.* Un de nos professeurs à l'École des Chartes les explorant un jour lut, au-dessus d'une porte encore debout, cette inscription en grandes lettres taillées dans la pierre : *Scriptorium.* C'est le seul témoignage qui restait alors du travail des moines et de leur long séjour en ces lieux : aujourd'hui il ne reste plus rien.

— « Rien que leurs œuvres et l'esprit de l'Église. Elle a, de tout temps, aimé, encouragé, cultivé l'éloquence intime. C'est par elle surtout qu'elle a conquis ces âmes d'élite qui, à leur tour, ont su conquérir des cités et des nations : c'est par elle qu'à cette heure encore sur toutes les frontières de la barbarie, elle fait chaque jour avancer d'un pas la civilisation chrétienne. Au cœur même de l'Europe elle n'a jamais cessé d'allier à l'éloquence qui s'adresse aux multitudes, aux assemblées nombreuses, l'éloquence intime qui fait entendre à chaque âme le langage qui lui convient. N'est-ce pas à deux pas de Saint-Victor détruit que, dans le séminaire de Saint-Nicolas récemment édifié, l'abbé Dupanloup adressait tous les samedis à ses élèves ses exhortations d'une éloquence tour à tour entraînante ou insinuante, dont nous devons à M. Renan (peut-être est-il en ce point supérieur à l'abbé Lagrange) la vive et fidèle peinture?

— Pour sûr il n'a jamais rien écrit de plus vrai.

— « N'est-ce pas cette même éloquence qui groupait autour du Père de Ravignan et du Père Lacordaire cette élite de jeunes gens, vrais disciples que leurs conseils dirigeaient, que leur parole encourageait, les uns à embrasser la vie religieuse, les autres à fonder dans le monde des œuvres nouvelles ou à ranimer des œuvres languissantes, tous à se dévouer pour le salut de leurs frères? J'aurais mauvaise grâce à vous entretenir du Père Gratry après que tout récemment encore un de nos amis l'a si bien fait voir à l'œuvre dans cette direction des consciences où il excellait. On compterait aisément les philosophes qui, au même degré de sincérité et d'abandon, ont mis à nu leur âme dans leurs écrits : il semble, quand on a lu les siens, qu'on sait de lui tout ce qu'on en peut savoir. Et toutefois pour pénétrer jusqu'au fond de son cœur, pour comprendre jusqu'où allaient sa foi et son zèle d'apôtre, c'est au collège Stanislas, c'est plus tard à l'École normale, qu'il aurait fallu l'entendre. Ceux qui ont eu ce bonheur connaissent de l'éloquence intime tout ce qu'on en peut savoir, et comme ils en ont éprouvé les salutaires effets, ils ne doutent pas de sa puissance.

« Je pourrais encore vous la montrer ailleurs, à deux pas de la chaire même qui va m'en fournir un dernier exemple, mais il faut savoir se borner : ne sortons pas aujourd'hui de l'Église et de notre cycle religieux. Un jour donc, qu'à la Sorbonne nous écoutions, au nombre de vingt ou trente, une des dernières leçons d'Ozanam, l'enseignement du professeur se faisant peu à peu plus intime, il en vint à nous parler du travail, du travail qui avait été la passion de sa vie et qui allait devenir, nous le pressentions déjà, la cause de sa mort. A nous en découvrir les secrètes vertus, les rapports avec l'ordre providentiel, sa parole s'anima en même temps que croissait notre attention, et sa pensée s'élevant avec son langage, on eût dit, durant quelques instants, que sous l'influence de cette éloquence intime, plus commune qu'on ne croit dans nos chaires, auditeurs et maîtres n'avaient plus qu'un cœur et qu'une pensée. »

— Vous commencez à triompher de mes doutes : je suis, je l'avoue, bien près d'admettre que l'éloquence n'est pas tout entière dans le discours public, et qu'en réalité ce n'est pas le nombre des auditeurs, mais l'émotion communicative de l'âme qui en est, avec la vérité, le caractère essentiel. Je songeais, tandis que vous parliez, à ces tragédies de Corneille et de Racine succédant aux chefs-d'œuvre de l'antiquité et les égalant, les surpassant quelquefois moins par la grandeur de l'action que par l'éloquence du dialogue. Sous ce rapport nous sommes sans rivaux et nous le devons surtout à cette éloquence intime, — j'accepte le mot et ne sais si l'on trouvera mieux, — dont nos deux grands poètes ont donné les plus parfaits modèles. Mais si elle est comme l'âme du drame, de la tragédie, où la vie humaine se montre à son plus haut point d'idéal et de vérité, à plus forte raison est-elle partout au premier rang dans le monde réel, avec l'éloquence de la pensée, sa fidèle compagne.

C'est à peine si elles se distinguent l'une de l'autre dans ces dialogues immortels (qu'on les entende au théâtre, comme il m'est arrivé plus d'une fois, ou qu'on les lise dans la solitude), — dans le dialogue permanent de nous-même avec nous-même, de nous-même avec nos semblables : dialogue où l'on a toujours à se convaincre ou à convaincre, où il faut éclairer l'esprit et entraîner la volonté. Nous voilà, je crois, parvenus à votre suite à la racine même de l'éloquence; car il est impossible de sonder plus avant et d'aller au-delà de ce dialogue intérieur où elle prend naissance, et où elle se développe quelquefois avec toutes ses qualités. A partir de lui, elle va prenant, sinon plus de force, du moins plus d'ampleur et de sonorité, et s'élevant de l'éloquence intime à celle qui passionne les foules et les entraîne. Est-il même sûr qu'elle ne finisse pas auparavant, juste au point où s'arrête la pensée : tôt ou tard, si vous le voulez bien, nous nous poserons cette question et nous la résoudrons de notre mieux ; mais n'êtes-vous pas, en attendant, satisfait de mon résumé et de mes conclusions ?

Voyez, en effet, comme je suis entré dans votre pensée et comme j'admire avec vous, dans un seul cycle religieux (ce mot, je l'espère, n'effraiera plus notre théologien), ces défenseurs de l'Église et de la foi, marqués presque tous, prêtres et laïques, au signe divin de l'éloquence : éloquence de la pensée, éloquence intime, éloquence populaire, chacun suivant sa nature et sa vocation. C'est vraiment un beau spectacle, et je vous rends grâce d'avoir fixé sur lui notre attention : je compte y revenir dans la suite, car on y ranime son espérance et son courage....

— « Oui, le spectacle est beau de grands esprits unis dans une même foi, poursuivant un même but, avec toutes les ressources de l'éloquence, de la science et de la pensée. Et pourtant la beauté de ce cycle, celle de tous les cycles religieux, au sein du christianisme a quelque chose qui lui est propre.

— La variété dans l'unité ?

— « Ce caractère lui est commun avec toutes les œuvres belles, — qu'elles soient de l'art ou de la nature, — avec les écoles philosophiques, les pléiades poétiques, avec tous les groupes et tous les cycles qui les ont précédés dans l'histoire ou qui les accompagnent. Il est vrai qu'on a rarement vu différences plus accusées dans la trempe des âmes, avec une plus parfaite unité dans la foi. La distance est grande du caractère et du style de Lamennais au caractère et au style de l'abbé Perreyve, fleur délicate trop tôt flétrie sur sa tige. Où le Père Gratry se livre avec candeur, se répète sans nous lasser, de Maistre se resserre et se renforce pour frapper plus sûrement : il est tout nerf, tout feu : il ne connaît ni repos, ni somnolence. De Bonald n'a guère que l'éloquence de la pensée, mais avec une noblesse et une concision singulières. Mgr Landriot et Mgr Pie, l'archevêque de Malines savent, du talent le plus souple et sans qu'il leur en coûte le moindre effort, passer de l'éloquence sévère de la pensée à l'éloquence plus facile, plus abondante du discours public. Rohrbacher est vigoureux, mais rude et âpre comme son nom : Gerbet unit la grâce et la force. L'évêque d'Orléans, né surtout pour la polémique, y multiplie les chefs-d'œuvre ; Montalembert n'est si grand qu'à la tribune politique où il domine et séduit tour à tour ceux mêmes qu'il ne convainc pas. L'éloquence du Père Lacordaire est celle qui captive les assemblées nombreuses, les soulève et les entraîne; celle du Père de Ravignan et du Père Gratry s'accommode mieux d'un auditoire plus choisi et plus intime.

« On ne finirait point de dire toutes ces variétés dont je note seulement les plus connues et les plus apparentes : il y faudrait joindre celles des luttes, des questions, des controverses dont l'une succédait à l'autre et qui ne laissaient aucun repos à ces éternels combattants. Quant à l'unité elle est visible, indéniable, et des dissentiments passagers en ont accru le mérite sans en affaiblir l'éclat. Cependant ce n'est point, si accompli qu'il soit en eux, le signe auquel je faisais allusion. »

— Il servirait peu de vous nommer ceux qui s'y ajoutent : grandeur, noblesse, force, pensée, création, car ces caractères de la beauté n'appartiennent pas moins à d'autres périodes, à d'autres groupes d'orateurs, de poètes, de philosophes, d'écrivains.

— Prenons donc une autre voie et plus directe: rien ne vaut un nom propre pour éclairer l'esprit et le conduire au but. N'êtes-vous pas frappé du rôle que joue le Père de Ravignan dans ces deux volumes destinés à raconter la vie et les œuvres de Mgr Dupanloup. Je ne sais comment il se fait, mais il apparaît toujours, à point nommé, dans les circonstances les plus difficiles, pour dire le dernier mot, pour conseiller et pour juger en dernier ressort. Il a des égaux en éloquence, des supérieurs en dignité, et pourtant nul n'est plus écouté, plus influent, on pourrait dire mieux obéi.

— Tout cela est vrai.

— En savez-vous la raison?

— Je craindrais de dire trop, si je disais tout ce que je pense.

— Je le dirai pour vous. Le Père de Ravignan était plus qu'un sage, c'était un saint : ou, si vous l'aimez mieux, pour demeurer fidèle à cette mesure, à cette sagesse qu'il aimait par-dessus tout, pour ne point pécher par abus de langage, c'était une âme sainte. Vous savez, mon jeune ami, ce que ce mot signifie?

— Je crois le savoir.

— « Et qu'entre toutes les œuvres du Dieu trois fois saint, celle-là est d'une beauté incomparable, le don divin n'étant nulle part aussi magnifique et la liberté de l'homme aussi entière. Nous perdrions d'ailleurs notre peine à le décrire, car si la perfection d'une belle âme défie déjà les plumes les plus habiles, que sera-ce d'une âme sainte ? Nous en admirons la fleur, nous en respirons le parfum ; mais qu'est-ce que cette fleur et ce parfum au prix de l'ineffable conversation du Verbe avec ses saints ! C'est dans l'âme qu'elle a lieu : elle n'a que Dieu et l'âme pour témoins. Souvent même bien des choses que le monde pourrait savoir il les apprend enfin par des révélations qui l'étonnent. Nous connaissions la vie publique du Père Lacordaire : qui d'entre nous, avant le fidèle récit de son biographe, soupçonnait les merveilles de sa vie cachée en Dieu ?

« Il faut s'attendre, tôt ou tard, à d'autres révélations du même genre, car ce cycle religieux n'a pas été moins fécond en âmes saintes qu'en œuvres petites et humbles à leur point de départ, grandes et puissantes dans leur rapide progrès (1). A tant de cycles brillants qui s'ouvrent et se ferment les uns après les autres durant les trois moments de la pensée, il peut opposer sans crainte les caractères qui lui sont propres : l'éloquence en premier lieu, sous ses trois formes principales ; il peut montrer les signes distinctifs qui témoignent en lui d'un rapport étroit non seulement avec la vérité et la beauté, mais encore avec la sainteté infinie. »

---

(1) L'Œuvre de la propagation de la Foi, les Conférences de Saint-Vincent-de-Paul, les Petites-Sœurs des pauvres.

Curieux de sonder le passé, et surtout un passé si voisin de nous, mes jeunes amis ne l'étaient pas moins, c'est le privilège de leur âge, de pénétrer l'avenir et de l'interroger. Quand s'ouvrira le cycle religieux qui doit succéder à celui-ci, à supposer qu'il se soit fermé un peu après la mort de l'évêque d'Orléans? Quels seront ses caractères? A quels objets appliquera-t-il son activité? Rien ne se prête mieux que le temps qui n'est pas encore à recevoir dans son sein toutes les hypothèses, à contenir toutes les vraisemblances. Nous décidâmes donc, étant donné l'universel effort de critique et d'analyse auquel nous assistions présentement, qu'une période de synthèse pourrait bien s'ouvrir avec le vingtième siècle, que l'Église de France, à en juger par des signes dont l'énumération nous sembla des plus rassurantes, y tiendrait noblement sa place, que, selon toute apparence, l'éloquence de la pensée y serait plus en honneur et plus cultivée que celle du discours public; enfin que si Dieu voulait bien, une fois encore, renouveler en faveur de notre patrie le don des grands esprits, tout était prêt pour manifester par eux l'indissoluble union de la science et de la foi.

Ni le chant des cigales qui se ranimait sans cesse après de courtes trêves, ni le bruit monotone de la cascade d'Allières rendue à la vie par des pluies abondantes ne nous empêchèrent d'ajouter sans fin, dans une conversation qui d'ailleurs changea plus d'une fois d'objet, les hypothèses aux prévisions, les probabilités aux rêves et aux espérances.

Il fallait bien aussi satisfaire la curiosité de notre théologien auquel, en les lui montrant, je désignais par leur nom, quand ils en avaient un, les sites variés et les montagnes qui nous environnaient de toute part. De l'humble Risset étendu, pour ainsi dire, à nos pieds avec ses paisibles demeures et sa chapelle bâtie par les chevaliers de Saint-Jean, nous prenions à gauche à travers Claix, ses riches vignobles, les hauteurs de Comboire, et nous nous efforcions, mais en vain, de découvrir, sur les premières pentes du massif de la Grande-Chartreuse, Chalais où le Père Lacordaire avait cru trouver le lieu de son repos et son dernier asile. Puis, franchissant du regard Grenoble, son enceinte, ses forts détachés, la gorge du Sappey, les crêtes du Saint-Eynard, pour redescendre dans la fertile vallée de l'Isère, nous arrêtions un instant notre vue sur les neiges du Mont-Blanc, pour revenir par la Combe où s'éteignit le grand évêque, et aboutir enfin sur notre droite, à une courte distance, au château de Varces où six semaines auparavant il s'était reposé l'espace de quelques jours.

« Voyez, dis-je aux deux frères, cette longue allée de hauts et larges platanes qui semble de loin se terminer à l'éminence sur laquelle l'église de Varces est bâtie. De près c'est autre chose, et il reste entre les deux la place d'un assez vaste domaine. Peut-être même, avec vos yeux dont la force est encore entière, pourrez-vous apercevoir une aile du château bâti à la fin du siècle dernier. Il est situé juste au-dessous de l'Église, et ces beaux arbres qui l'entourent sont ceux d'un parc qui se développe dans la direction de Saint-Paul-de-Varces. C'est là que Monseigneur Dupanloup, deux mois à peine avant sa mort, mais en pleine possession de lui-même et de ses facultés, séjourna du 10 au 16 août 1878.

« D'ordinaire il se rendait à la Combe par la voie la plus directe, et c'est à peine s'il s'arrêtait quelques instants à Grenoble pour y saluer ses amis. Cette fois il fit un léger détour, et pour ne pas affronter sans transition l'air vif de la montagne, il voulut bien se reposer dans la demeure hospitalière de monsieur de B..., proche parent de son hôte habituel, monsieur Albert Du Boys. Deux prêtres l'accompagnaient : un jeune vicaire de la cathédrale d'Orléans, dont la santé délicate réclamait le séjour de la campagne, et l'un de ses grands-vicaires, compagnon ordinaire de ses travaux et de ses courses, monsieur l'abbé Guthlin, auteur d'un livre excellent sur le *Positivisme*, versé d'ailleurs, comme le sont peu de Français, dans la connaissance de la philosophie allemande. J'eus l'occasion de m'en apercevoir durant une promenade que nous fîmes ensemble sous les ombrages du parc : nous pourrons y revenir un jour.

« Une première fois déjà, en 1873, M. de B... avait bien voulu me présenter à l'évêque d'Orléans : c'était à la Combe où il prenait ses vacances à partir du mois d'août, un peu avant l'époque où commencent les nôtres. Rien, à première vue, ne me parut changé dans son extérieur, sinon que sa démarche était moins vive sans cesser d'être ferme, et que ses cheveux étaient devenus d'une blancheur de neige. Toujours même simplicité, même accueil aimable et prévenant, avec je ne sais quel art d'interroger sur les choses qu'on savait le mieux, et dont il pouvait tirer lui-même quelque profit. On entrait aussitôt sans y songer, plusieurs même sans le vouloir, dans son atmosphère et dans son milieu ; on prenait, à son insu, part à ses travaux ; on devenait pour un instant, un livre de sa bibliothèque, son secrétaire, quelquefois même son lecteur, comme il m'était arrivé à la Combe, sous les grands arbres de sa promenade favorite. On peut affirmer que l'activité de son esprit ne s'éteignit qu'avec son dernier souffle.

« Vous me demandiez tout à l'heure, vous l'élève d'une école renommée par l'esprit conciliant et la sincère humilité de ses maîtres autant que par leur science théologique, pourquoi ces luttes, ces conflits, ces polémiques amères dont le bruit qui s'éloigne est pourtant venu jusqu'à vous. Au lieu de vous répondre aussitôt, j'appelai votre attention sur je ne sais quelle montagne qui nous dérobe la vue du Grand-Som. J'aurais pu vous dire que ces passions sont nécessaires à l'éloquence, qui, sans leur secours, mourrait d'inanition, à supposer qu'elle pût naître ; j'aurais ajouté que la vertu grandit dans la lutte, s'affermit dans l'épreuve, se consomme, grâce aux oppositions et aux contradictions les plus violentes. C'est une loi de la vie humaine que la beauté morale, c'est-à-dire la plus parfaite de toutes, n'est-il pas vrai ?...

— Mon frère vous l'accordait tout à l'heure, Dieu me garde d'y contredire.

— « S'achève par la douleur et qu'il lui manque quelque chose, si ce dernier trait ne se découvre pas en elle. Les combattants souffrent de contredire ceux qu'ils honorent et qu'ils estiment au fond de l'âme ; les chrétiens, spectateurs désolés de ces rudes combats, souffrent des luttes qu'ils voudraient empêcher, et dont ils ne comprennent pas toujours le providentiel dessein. Mais vient une heure où l'esprit de Dieu ayant, par des moyens qu'on n'attendait pas, uni de nouveau ces esprits divisés, irrités, animés les uns contre les autres, la paix rentre peu à peu dans les âmes avec la vérité mieux comprise. On dirait d'un beau soir après une journée d'orage, soir si rare et si court chez les sages eux-mêmes, mais qui se confond chez les chrétiens avec les premiers feux d'une aurore immortelle. C'est un de ces soirs qu'il me fut donné de contempler dans sa calme beauté, et je ne l'oublierai de ma vie.

« L'infatigable lutteur avait livré quelques semaines auparavant, avec le secours de l'abbé Guthlin, un de ses plus rudes combats (1) : pour l'un et pour l'autre ce devait être le dernier. Fidèle à la promesse qu'il s'était faite d'oublier pour quelque temps adversaires et politique, il demandait à de paisibles études, à d'amicales conversations un repos plus que jamais nécessaire à sa santé. C'était plaisir de le voir, après la matinée qu'il donnait tout entière à la méditation et à sa correspondance, interroger tantôt l'une, tantôt l'autre des quatre jeunes filles de son hôte, sur leurs études, leurs récréations, leurs lectures, proportionner soigneusement à

---

(1) A l'occasion du centenaire de Voltaire.

l'âge de chacune d'elles ses conseils, ses avis de sage et pieuse direction. Avec M. Albert Du Boys, qui n'avait pas tardé à nous rejoindre, il s'intéressait à Catherine d'Aragon et aux origines du schisme anglican dont son ami avait entrepris d'écrire l'Histoire.

— L'Académie française vient, paraît-il, de la couronner.

— « Tous ceux qui ont le goût des études sérieuses l'apprendront avec plaisir. Avec M. Fialon, possesseur du domaine où je vous ai conduits et du bois de chênes qui nous abrite, il s'entretenait de littérature et d'éducation, lui demandant s'il n'ajouterait pas un jour à son Étude sur saint Basile la traduction complète des œuvres du grand orateur chrétien. Il entendit avec intérêt le savant professeur, ou plutôt nous l'entendîmes tous (car nous nous étions formés en cercle sous les grands marronniers, le jour de l'Assomption, vers les deux heures de l'après-midi, et la conversation, après avoir erré sur bien des sujets, s'était attardée sur celui-là) nous démontrer, avec sa lucidité ordinaire, que si l'*Iliade* a pour auteur le seul Homère, tout porte à croire que l'Odyssée où la verve poétique languit bien de temps à autre, où l'unité est loin d'être parfaite, est l'œuvre d'imitateurs assez heureusement inspirés. L'évêque écoutait avec un plaisir visible, et après avoir demandé des explications qu'il jugeait nécessaires, il se rangeait à l'avis du professeur.

« Si l'abbé Lagrange eût été cette fois des nôtres, il l'aurait entendu revenir à plusieurs reprises sur ses souvenirs d'enfance, de préférence sur les plus lointains. Mais ce qui me toucha le plus dans ces entretiens si variés, et dont les souvenirs de la tribune politique n'étaient pas absents, c'est la bienveillance extrême, c'est l'esprit de justice avec lesquels Mgr Dupanloup parlait de ses adversaires d'autrefois et de ceux d'aujourd'hui. Tout en condamnant leurs théories ou leurs principes il rendait justice à leur talent, et, quand il les croyait droites et pures, à leurs intentions.

« Je ne sais quel sentiment profond, quel vif désir de paix se faisaient voir à chaque instant dans tous ses discours, et à part quelques traits de soudaine vivacité qui d'ailleurs n'atteignaient aucun absent, rien en lui ne rappelait l'ardent polémiste qu'aucune attaque n'avait surpris ou lassé. Il lui arrivait de demander, en toute sincérité et sans la moindre trace d'affectation, qu'on voulût bien prier pour lui, qu'il en avait grand besoin, ayant été mêlé à beaucoup de luttes, et en opposition avec un grand nombre de personnes. Il pardonnait de grand cœur à ceux qui l'avaient offensé, mais il conjurait qu'on voulût bien faire de même à son égard. Puis ses mains se joignaient, ses paupières s'abaissaient, et il semblait, pour quelques instants, absorbé dans la méditation et dans la prière. Quels souvenirs se présentaient alors à son esprit, quelles ombres même passaient devant sa pensée, je l'ignore ; mais j'affirme que rien n'était beau comme cet aveu simple et sans réserve, comme cette profonde humilité du vieil athlète qui, après avoir livré tant de combats heureux ou malheureux, redoutait d'avoir trop donné aux ardeurs de la lutte et au désir humain de la victoire.

« D'autres existences, — en est-il en vérité beaucoup ? — ont pu finir dans l'éclat d'une gloire qu'aucun revers n'avait diminuée ; qu'on me permette de leur préférer cette douleur chrétienne d'avoir combattu et quelquefois vaincu des hommes, des chrétiens, des frères. C'est la charité dans ce qu'elle a de plus grand, la charité où se confondent l'amour et le dévouement, le repentir et le pardon. — N'est-elle point, pensez-vous, cette charité divine, un élément de la beauté morale ? »

— Elle en est, puisque vous faites appel à mon témoignage, depuis le christianisme, peut-être même avant lui, mais sous une forme inférieure, un élément essentiel. On pourrait le prouver par de nombreux exemples empruntés aux arts, à l'histoire, à la vie commune elle-même. Charité d'ailleurs et grâce, c'est presque tout un de par l'étymologie et de par un grand nombre de secrètes affinités; mais je n'aurais, sous ce rapport, rien à apprendre à un philosophe.

— « Ce cycle religieux aurait donc vu, dans toute sa durée, l'éloquence au service de la vérité, et la beauté du langage, la profondeur de la pensée au service de l'éloquence. La sainteté l'aurait marqué de son ineffaçable empreinte, et au-dessous d'elle, mais unie à elle par les liens les plus étroits, la charité aurait été, avec le pardon et la paix, le dernier mot de ces glorieux combattants et la leçon des combats à venir. Le pensez-vous comme moi ? »

— Les deux frères furent d'avis qu'on pouvait l'affirmer sans la moindre hésitation, et que tel était bien le dernier mot de cette période qui avait rempli trois quarts de siècle.

Puis nous descendîmes lentement la colline, non sans jeter de temps à autre un regard sur les hauts platanes qui, de loin, semblaient se confondre avec les vieux marronniers.

TABLE DES MATIÈRES.

I.

	Pages.
La Naissance d'une philosophie...............	9
Les trois Visions de saint Bruno..............	39
La Tentation. — La Chute....................	47
Le véritable auteur de l'Imitation.............	55

II.

La Doctrine de l'Expiation...................	67
Le Temps et l'unité de Temps................	115
L'Espace et la Matière.......................	157
Une journée à Domremy.....................	195

III.

Le Beau et l'Ame humaine...................	225
Plaisir et Douleur, Joie et Tristesse...........	245
Un Cycle religieux...........................	271

Achevé d'imprimer, Grenoble, le 23 mai 1884.

J. ALLIER, imprimeur.

———

V. BLANC, prote.

DU MÊME AUTEUR :

CHEZ

DURAND ET PEDONE-LAURIEL,

Libraires-éditeurs,

PARIS,

13, RUE SOUFFLOT, 13.

I.

La Philosophie et le Concile. (1869-1870.)

(ÉPUISÉ.)

Si ce livre est jamais publié de nouveau, il devra seulement contenir les lettres I, II, III, IV, V, VIII, les lettres VI et VII n'ayant qu'un rapport indirect avec le sujet.

II.

Les Principes de la Philosophie morale ou Petit Manuel de Morale, troisième édition, 1883, 1 vol. in-12.

Il convient de remplacer à la dernière ligne de la page 29, le mot *jamais* par *au lieu d'être*.

III.

L'Ombre de Socrate, deuxième édition des petits dialogues de philosophie socratique, précédés d'un Essai sur le rire et le sourire, 1878, 1 vol. in-12.

PREMIÈRE PARTIE.

Les Phénomènes. — Les Forces. — On a perdu la vérité ! — L'Ame humaine. — Les Éléments des hautes spéculations. — Socrate couronné. — Mercure lecteur. — Les Abstractions. — La Psychologie de l'avenir. — La Sagesse et la Poésie. — Les Érudits. — Un sot marché. — Les Systèmes philosophiques.

SECONDE PARTIE.

Les Constitutions et leur principe. — La Morale et la Politique. — Le Songe de Platon.

La troisième édition contiendra les trois dialogues suivants, placés avant le Songe de Platon :

1. *Pressentiments*, Socrate, Alcidamas *(Revue catholique de Louvain*, 15 mai 1883).

2-3. *Les Réformes scolaires à Athènes*, deux dialogues. *(Bulletin de l'Académie delphinale*, séance du 13 février 1880).

IV.

De l'Esprit philosophique, 1877, 1 vol. in-12.

(ÉPUISÉ.)

La deuxième édition contiendra, outre les trois livres du Traité de *l'Esprit philosophique,* revus et, s'il est nécessaire, développés :

Le Règne de l'Esprit (Lecture faite à l'Académie delphinale). — De la Culture de l'Esprit *(Annale de Philosophie chrétienne,* mai 1880). — De l'Esprit socratique (Leçon d'ouverture, 13 décembre 1871.)

. . . .

V.

De la Pensée, deuxième édition, 1883, 2 vol.

PREMIER VOLUME.

PREMIÈRE PARTIE.

La Pensée et l'Amour. — *La Méthode morale,* ou de l'Amour et de la Vertu comme éléments nécessaires de toute vraie philosophie. (1866, 1869, 1881, 1883.)

DEUXIÈME PARTIE.

Leçons et Conférences : I. De la Pensée. — II. Des caractères les plus apparents de la Pensée. — III. Le Bon sens et le Sens commun.

— IV. La Parole. Du langage philosophique. — V. De l'objet dernier de la Pensée. — VI. Trois moments de la Pensée. — VII. Petit Commentaire philosophique du Discours de saint Paul à l'Aréopage (Premier et deuxième moments de la Pensée.) — VIII. La Philosophie et la Science (Troisième moment de la Pensée.) — IX. Les Femmes et le Progrès de la Pensée.

SECOND VOLUME.

TROISIÈME PARTIE.

Notes et Réflexions.

Une troisième édition de ce deuxième volume qui fait suite au premier, mais peut aussi en être détaché, paraîtra dans le cours de l'année présente 1884. Elle contiendra un assez grand nombre de Pensées nouvelles, réparties dans les huit chapitres suivants :

I. De la Pensée en général. — II. De l'histoire de la Pensée. — III. L'Homme; l'Ame humaine. — IV. La Parole; les Langues. — V. Le Beau et les Arts. — VI. L'Histoire. — VII. Les Sciences. — VIII. Philosophie et Religion.

www.ingramcontent.com/pod-product-compliance
Lightning Source LLC
Chambersburg PA
CBHW070946180426
43194CB00041B/1137